바람의 섬,
제주

주강현

제주대학교 석좌교수를 지냈으며 한평생 우리 문화와 바다에 관해 연구했습니다. 특히 오랫동안 제주도를 해양문명 관점에서 연구했으며, 현재 제주도에 갤러리와 도서관 등이 결합된 '라키비움 바다'를 만들고 있습니다. 포르투갈 해양학술원 회원으로 세계 바다를 답사하며 해양문명사를 연구하고 있습니다. 지은 책으로 《해양실크로드 문명사》, 《독도강치 멸종사》, 《독도견문록》, 《제국의 바다 식민의 바다》, 《환동해 문명사》, 《관해기》, 《등대의 세계사》, 《제주기행》, 《조기 평전》 등이 있습니다. 어린이책으로는 《강치야 독도야 동해바다야》, 《주강현의 우리 문화》, 《명태를 찾습니다!》, 《조선 사람 표류기》 등을 썼습니다.

천천히읽는책_73

주강현 선생님이 들려주는 제주 이야기

바람의 섬, 제주

글 주강현

펴낸날 2024년 11월 18일 초판1쇄
펴낸이 김남호 | 펴낸곳 현북스
출판등록일 2010년 11월 11일 | 제313-2010-333호
주소 07207 서울시 영등포구 양평로 157, 투웨니퍼스트밸리 801호
전화 02) 3141-7277 | 팩스 02) 3141-7278
홈페이지 http://www.hyunbooks.co.kr | 인스타그램 hyunbooks
ISBN 979-11-5741-421-5 73910
편집장 전은남 | 편집 강지예 | 디자인 디.마인 | 마케팅 송유근 함지숙

ⓒ 주강현 2024

주강현 선생님이 들려주는 제주 이야기

바람의 섬, 제주

글 주강현

현북스

늘 바람이 부는 독특한 화산섬

　제주는 화산섬입니다. 화산 폭발로 분출된 용암과 화산재가 땅을 형성했으며, 곳곳에는 곶자왈이 생겨나 독특한 환경을 창조했습니다. 드넓은 섬에는 한라산 이외에도 수백 개의 오름이 솟구쳐서 아름다운 경관을 연출합니다. 제주 사람들은 이러한 독특한 자연환경 속에서 척박한 조건을 이겨 내고 자신들의 고단한 역사를 꾸려 왔습니다.

　제주의 역사는 화산섬의 풍토와 무관하지 않으며, 사람들의 삶 역시 자연과 가깝게 연관되어 있습니다. 용천수를 이용하고, 돌담을 쌓아 바람을 막고, 척박한 땅에는 메밀을 심어서 삶을 꾸렸습니다. 제주도는 따스한 남쪽 섬답게 늘 푸른 아열대풍 숲과 나무로 우리나라는 물론이고 세계에서 관광객을 끌어모으고 있습니다. 자연환경 보존과 개발의 조화는 제주도 역시 안고 있는 가장 중요한 문제 중 하나랍니다.

제주도는 두말할 나위 없이 한반도의 끝에 위치해 있습니다. 그러나 바다를 중심으로 생각해 보면 한반도에서 태평양을 향해 가장 앞에 자리 잡고 있기도 합니다. 그만큼 뜨거워지는 바다의 영향을 강력하게 맞고 있습니다. 이 섬에는 늘 바람이 붑니다. 일상적 바람으로부터 강력한 태풍까지, 제주도는 바람의 섬이기도 합니다. 바람만큼이나 거친 역사가 섬을 스쳐 가기도 했습니다. 제주도의 자연과 역사, 사람을 만나러 함께 떠나 보고자 합니다.

주강현

차례

바람의 섬

제주도에는 언제나
바람이 붑니다

서복이 제주도로 온 것도 바람의 힘

제주도에는 언제나 바람이 붑니다. 오죽하면 제주도를 '바람의 섬'이라고 부를까요. 제주도 바다에서 바람을 잘못 만나 오키나와, 타이완, 심지어 필리핀과 베트남까지 떠내려간 사람도 있을 정도입니다. 외국 선박도 제주도로 수없이 표류해 왔습니다. 네덜란드 사람 하멜의 제주 표류는 이런 여러 사건 중의 하나지요.

제주도 사람들은 항해를 통해서만 한반도나 중국과 교류할 수 있었습니다. 머나먼 중국에서도 돛배에 실려 다양한 문화가 실려 왔습니다. 중국 진나라 사람인 서복이 우리나라에 왔던 것은 좋은 사례지요. 천하를 통일한 진나라의 진시황제는 먹으면 늙지도 죽지도 않는다는 불로초를 구하러 사방으로 신하를 보냈으나 끝내 구해 오지 못했어요. 그러자 서복은 진시황제에게 상소를 올렸습니다.

"저 멀리 바다 건너 삼신산에 신선이 사는데, 남녀 어린아이들을 데리고 가서 모셔 오고자 합니다."

진시황제는 서복의 상소를 읽고 크게 기뻐하여 어린이 수천 명을 뽑아 그에게 주고 바다로 나가 불로초를 찾게 합니다. 그리하여 기원전 219년에서 210년까지 두 번에 걸친 서복의 여행이 시작됩니다.

서복의 행적은 한국을 거쳐 일본까지 이어집니다. 60척의 배와 5,000명의 일행, 3,000명의 남녀 어린이, 각기 다른 분야의 장인들을 동반했다고 하지요. 서복의 항해는 바람에 의지한 돛배가 없었다면 불가능했습니다.

불로초를 찾아 제주로 항해한 서복

서복의 이야기는 중국, 제주, 일본을 잇는 고대 바닷길이 존재했음을 암시합니다. 바람이 없었다면, 풍력 에너지가 없었다면 이 같은 고대 바닷길이 열릴 수 있었을까요? 그런 의미에서 제주도는 바람을 이용한 해양 세계의 징검다리였습니다.

제주 고지도인 《탐라순력도》에 수록된 〈한라장촉〉(1720)에는 제주는 물론이고 남해안 일대, 중국의 닝보·쑤저우·양저우·산둥, 일본과 류큐 왕국(현재의 오키나와), 심지어 베트남, 말레이반도, 태국도 표기되어 있습니다. 제주에서 부는 바람의 길은 이처럼 강하게 뻗어 나갔습니다.

이것은 당시의 제주 사람들이 바닷길을 따라 해외로 진출했음을 보여 주지요. 고대 항해술로 볼 때 옛날 제주 사람들은 어렵지 않게 항해 교통로를 확보하고 있었을 것입니다.

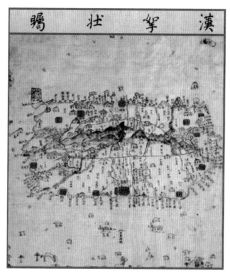

《탐라순력도》에 실린 〈한라장촉〉

바람이 만들어 낸 아름다운 나무

　제주도를 따스한 남쪽 나라 정도로만 안다면 오산입니다. 속
살까지 파고드는 매운바람은 체감 온도를 떨어뜨립니다. 칼끝
바람에 눈발이라도 날리면 앞길이 묘연하지요. 그러다가도 햇
볕이 쨍한가 하면 다시금 눈이 오고 바람이 붑니다. 이튿날 보
면 눈은 자취도 없이 녹아 버리고 바람이 잦아들어 봄
기운을 풍깁니다. 제주로 귀양 온 조선 중기
의 학자인 김정(1486~1521)은 《제주풍
토록》에 이렇게 기록했지요.

"기후는 겨울에 따뜻하고 여름에 시원하기도 하여 변화무쌍하다. 바람은 따뜻한 것 같지만 사람에게는 심히 날카로워 사람이 입고 먹는 것을 조절하기가 어려워서 병나기가 쉽다. 게다가 구름과 안개가 항상 자욱하여 갠 날이 적고, 눈먼 바람과 괴이한 비가 때도 없이 일어난다."

강인한 제주 정신을 상징하는 폭낭

생각 이상으로 험한 날씨지요. 그래도 평균 기온이 따스하니 다행입니다. '바람 타는 섬'답게 제주 곳곳에는 바람 타는 나무들이 서 있습니다. 나무들은 강하게 몰아치는 바람의 반대 방향으로 자신을 굴절시켜 풍향목으로 변신해야만 살아남을 수 있습니다.

풍향목의 대표 격은 폭낭(팽나무)이지요. 어딜 가나 폭낭이 서 있습니다. 폭낭은 신을 모시는 나무로 쓰여 왔는데 육지로 치면 마을 정자나무 역할을 해 왔어요. 폭낭은 쉽게 썩는 속성 때문에 목재보다는 땔감이나 숯 굽기에 쓰였습니다. 제주 출신이라면 누구나 어릴 적 폭낭 열매를 먹어 본 경험이 있을 만큼 친근한 나무입니다.

폭낭은 제주 사람들의 강인한 정신을 상징합니다. 폭낭은 추위와 염분에 강하고 무엇보다 바람에 강하지요. 나무가 바람에 꺾여도 그 자리에서 다시 움(싹)이 솟는 강인한 생명력을 자랑합니다. 한쪽으로 쏠리다 못해 거의 기울어 가는 형상인데, 용케 중심을 잡고 완강한 힘으로 버팁니다. 폭낭은 대체로 바다에서 한라산 쪽을 향합니다. 바닷바람이 밀어낸 힘에 적응하면서 폭낭은 버텨 왔습니다. 바람으로 인한 고통의 대가로 멋진 나무가 된 것입니다.

변시지 화백의 제주도 그림을 볼까요? 울부짖는 비바람과 파도, 바람에 구부러진 나무, 외로운 초가집 한 채, 바닷가 돌담에서 격정으로 몰아치는 제주 바다가 보이지요. 폭낭 옆에는 떼까마귀도 그려 넣었습니다. 떼까마귀는 아예 바람까마귀라 부르는데 이들이 휘젓고 지나면 센 바람이 불어옵니다. 제주 자연의 변화무쌍함을 이해하지 못한다면 이 제주 그림의 세계를 이해

변시지 〈기다림〉

할 수 없지요.

  제주 바람은 무섭고 섬뜩하기도 합니다. 바람이 가장 강한 한경면 고산리의 최대 관측 풍속은 초속 60m입니다. 아름드리나무가 순식간에 뿌리 뽑히는 가공할 만한 위력입니다. 태풍은 수시로 제주를 들이칩니다. 바람은 특히나 오름에서 강하게 느껴집니다. 몸 가릴 곳이 없는 오름에서는 바람이 늘 찹니다.

  제주 바람은 종류도 많지요. 산방산을 넘어 곧추 내리지르는 동남풍인 산방산내기는 뫼오리바람(자나미)이라고도 하는데, 농작물을 말리고 바다 돌풍을 일으킵니다. 성산포 신양리 방뒤코지에서 터져 나오는 들바람, 농부에게 공포를 안기는 서풍인 섯가리는 햇볕이 쨍쨍한 날 파도를 몰아쳐서 농작물을 까맣게 태워 삽시간에 초토화시키죠. 그 밖에 회오리바람인 도껭이주제, 갑자기 일어나는 폭풍인 강쳉이, 파도가 부풀어 오르며 덮치는 동풍인 겁선내, 명주실처럼 부드러운 멩지바람, 지름새, 실바람 등 제주도에는 약하게 부는 미풍에서 맹렬한 태풍까지 바람의 종류만 수십 가지입니다.

생활 문화 곳곳에 스며든 바람의 영향

　제주 사람의 생활 곳곳에 바람의 영향이 남아 있습니다. 특히 제주의 초가는 바람의 영향을 잘 반영하고 있지요. 제주에서는 집집마다 처마 밑에 풍차를 설치합니다. 겨울에는 눈바람이 들이침을 방지하고, 여름에는 비바람을 막아 줍니다. 제주는 눈과 비가 수직으로 내리는 경우가 드물고 수평으로 들이치기 때문에 풍차가 없으면 불편한 삶이 되었을 것입니다.

제주의 돌담　돌과 돌 사이의 바람구멍 덕분에 거센 바람에도 돌담이 무너지지 않는다.

초가지붕을 새(띠)로 얽어매어 둥글게 만든 것도 바람 때문입니다. 세찬 바람이 부는 날에는 바람의 힘을 가능한 한 적게 받고, 바람이 둥근 지붕을 타고 넘어 저항을 덜 받고 빠져나가게끔 둥글게 만들었지요. 직선으로 밀어닥치는 맞바람을 덜 받도록 구부정한 돌담으로 올레(바람이 직접 들이치지 못하게 살짝 휘어진 골목길)를 만든 것도 선조들의 지혜였습니다.

풍토가 모질면 모진 만큼 인간의 지혜와 대응 전략도 발전하는 법입니다. 마을마다 마을을 지켜 주는 본향당(제주에서 마을 신

제주시의 초가집들 바람의 저항을 덜 받도록 지붕을 둥글고 튼튼하게 만들었다.

을 모신 신당으로 당산과 비슷하다.)이 있는데, 아예 바람이 본향당의 신이 되기도 합니다. '보로못도'는 '바람 위에 앉아 있는 신'을 뜻합니다. 보로못도는 특히 여성신이 많습니다. 보로못도가 외출하는 날이면 늘 바람이 붑니다. 여신이 외출을 즐기는지 제주에는 늘 바람이 붑니다. 바람신이 본향신이 될 정도로 바람의 위력이 강력하다는 좋은 증거가 아닐까요.

제주에는 바람신과 관련한 흥미로운 전설이 전해 내려옵니다. 신이 되어 나뭇가지 위에 자리 잡은 서귀포의 바람신과 안개신 이야기입니다. 설마국의 바람신 바람운이 고산국이라는 여자와 혼례를 올립니다. 그러나 바람운은 고산국의 동생이자 안개신인 지산국의 뛰어난 미모에 반합니다. 둘은 서로 눈이 맞아 한라산으로 도망쳐서 부부가 되지요. 뒤쫓아 간 고산국이 그들을 죽이려고 했으나 동생 지산국의 도술을 이기지 못하여 서로 해치지 말기로 하고 돌아옵니다. 그 후 화해하고 각각 분계를 정하였고, 부부가 된 바람운과 지산국은 하서귀포의 신목 윗가지에 자리 잡았다고 합니다.

바람을 몰고 오는 영등할망

제주 건입동의 본향당인 칠머리당에서는 음력 2월 초하루가 되면 영등할망(영등신)을 맞이하는 영등 환영제를, 2월 14일에는 영등할망을 보내는 영등 송별제를 엽니다. 바람의 신 영등할망은 2월 초하루에 산 구경, 물 구경하러 와서 한라산에 올라가 오백장군에게 문안을 드리고 복숭아꽃, 동백꽃 구경을 다닙니다. 너른 농경지에는 곡식의 씨를 뿌려 주고, 갯가 연변에는 우뭇가사리, 소라, 전복, 미역 등의 씨를 뿌려 주지요. 영등할망의 도움이 없이는 도대체가 농사고 어업이고 되는 일이 없습니다.

전지전능한 바람신인 영등할망이 오는 날에 날씨가 따뜻하면 "옷 벗은 영등이 왔다." 하고, 추우면 "옷 좋은 영등이 왔다."고 합니다. 비가 오면 "영등우장이 우장 입고 와부난(왔으니) 비가 내리는 거주" 하며, 눈이라도 내리면 "아이고, 영등할망이 헌 옷을 입엉(입어서) 왔구나게" 합니다. 이러한 표현은 겨울이 물러가고 봄이 다가오는 계절의 변화를 암시합니다.

기세등등하던 바람신도 때가 되면 떠나야 합니다. 영등할망은 2월 보름날, 우도를 통해 제주를 떠납니다. 예전에 어부들은

제주 칠머리당 영등굿 해마다 건입동 칠머리당에서는 영등할망을 위한 영등굿을 한다.

영등 송별제를 지내기 전에는 바다로 나가지 않았다고 합니다. 그만큼 바람의 신을 극진히 공경했다는 뜻이지요. 바람신이 분노하면 파도를 일으켜 사람이 죽을 수도 있어서 언제나 바람신을 정성껏 모셨습니다.

　바람 없이는 살 수 없는 바람 타는 섬, 제주도에는 어제도, 오늘도, 내일도 바람이 불 것입니다. 바람이 부는 한 영등할망도 쉼 없이 왔다 갈 것입니다. 그래서 많은 사람들이 바람을 맞으러 제주로 향합니다. 우리도 바람을 맞으러 제주도로 떠나 볼까요?

천 년 전까지 폭발하던
활화산

제주도의 으뜸 상징은 한라산

19세기에 신혼여행을 제주도로 온 독일인이 있었습니다. 독일의 신문 기자 지그프리트 겐테입니다. 백인 중에는 최초로 한라산에 오른 겐테는 백록담에서 이런 글을 남겼습니다.

"드디어 정상이다. 사방으로 웅장하고 환상적인 장관이 한눈에 들어온다. 섬을 지나 저 멀리 바다 너머로 끝없이 펼쳐지는 파노라마였

철쭉 들판 너머로 보이는 한라산 정상

다. 제주도 한라산처럼 형용할 수 없는 웅장하고 감동적인 광경을 제공하는 곳은 지상에 그렇게 흔하지 않을 것이다."

제주의 여러 상징 중에서 으뜸은 역시 한라산입니다. 제주도 그 어느 곳에서도 한라산이 보입니다. 그만큼 제주 사람들의 삶과 역사를 함께해 온 명산입니다. 제주를 찾는 관광객에게도 한라산은 더할 나위 없이 압도적으로 다가옵니다. 늦봄까지 머리에 흰 눈을 얹고 서 있는 풍경은 신성함 그 자체이지요.

한라산은 휴화산일까요? 마그마가 용출되는 분화를 멈춘 산을 휴화산, 계속 화산 활동을 하는 산을 활화산이라고 부르지요. 한라산은 휴화산으로 불리지만, 영원한 휴화산은 없습니다. 게다가 '1만 년 이내에 분화한 화산은 모두 활화산'이란 새 국제 기준도 마련되었습니다. 이 국제적 합의에 따르면 백두산과 한라산은 모두 활화산입니다. 특히 한라산은 불과 천 년 전까지 화산을 분출했으니 지금도 화산 활동을 계속하고 있는 활화산이 분명합니다.

고려 시대에 탄생한 비양도

제주를 그린 옛 그림으로 《탐라순력도》가 있습니다. 1702년, 이형상이 제주목사를 지낼 때 그림 그리는 화공을 시켜 만든 기록 화첩으로, 제주도 지방관의 순력 관행과 풍속을 기록한 총 43면의 그림과 해설입니다(보물로 지정). 그림에는 비양도란 섬에 붉은 칠을 해 둔 것이 보입니다. 화공은 왜 비양도에 붉은 칠

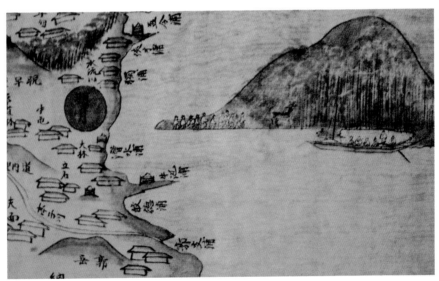

《탐라순력도》 중 〈비양방록〉에 그려진 비양도 그림 오른쪽에 그려진 섬이 비양도이다. 비양도는 화산이 폭발하며 생긴 섬으로 섬 꼭대기의 붉은 칠은 화산 폭발의 흔적이다.

을 해 두었을까요? 비양도는 고려 시대, 즉 불과 천여 년 전인 1002년과 1007년에 화산이 폭발하며 생긴 섬이기 때문입니다.

조선 전기에 편찬된 고려 왕조 역사서인 《고려사》를 들추어 봅니다.

"목종 5년 6월. 탐라에서 산에 4개의 구멍이 뚫어지며, 붉은 물이 솟아 나오다 5일 만에야 멎었는데, 그 물이 용암이 되었다. 목종 10년에 탐라의 바다 가운데서 서산이 솟아 나왔으므로, 태학박사 전공

지를 보내어 이것을 시찰시켰는데, 탐라 사람들이 말하기를, '그 산이 처음 나올 적에 구름과 안개가 자욱하여 날이 캄캄해지면서 우레와 같은 진동이 일어난 지 무릇 7일 만에야 날이 처음 개었다. 산 높이가 백여 발이나 되고 주위는 40여 리가량이 되며, 초목은 없고 연기만 산 위에 자욱이 덮였는데, 바라본즉 석유황 같으며, 사람들이 무서워서 가까이 가지 못하였다.'라고 하였다. 전공지가 직접 그 산 밑까지 가서 산의 형상을 그려 가지고 돌아와서 왕에게 드렸다."

고려 시대에 솟구쳐서 형성된 것으로 보이는 비양도와 그 앞의 협재해수욕장

안타깝게도 임금에게 바친 그 그림은 전해 오지 않습니다. 당시의 그림만 남았더라면, 세계 화산사에 남을 귀중한 자료가 되었겠지요. 솟구친 산은 오늘의 비양도입니다. 그래서 비양도를 '천 년의 섬'이라 부르지요.

그 언젠가 한라산도 꿈틀댈 것만 같습니다. 제주인의 역사적 유전자 속에는 화산 폭발의 순간이 전해 내려오고 있지요. 태평양 자체가 화산이 만든 종합 작품이며, 환태평양 화산대인 '불의 고리' 근역에 제주도가 걸쳐 있기 때문입니다. 제주도는 유라시아판과 필리핀판 경계부에서 떨어져 있기는 하지만 그 영향을 받게 되며, 판의 경계부에 형성될 수 있는 단열 구조와 밀접한 관계가 있습니다. 그러니 화산도를 모르면 제주도를 온전히 알 수 없겠죠.

제주도를 만든 설문대할망

섬의 탄생 신화에는 대부분 여신이 등장합니다. 화산섬 하와이 군도도 마찬가지이죠. 아주 먼 옛날, 어둡고 어둡던 시절, 인

성산일출봉 제주도 오름의 상징이라 할 수 있는 성산일출봉의 모습 ©강정효

간이 살지 않던 하와이에는 오로지 신만이 어둠을 지키고 있었다고 합니다. 그러던 어느 날 폴리네시안 사람들이 거대한 카누를 타고 섬에 왔습니다. 그 이주민들은 화산 폭발로 붉은 마그마가 바다로 흘러가고 거대한 바위가 형성되어 가는 모든 과정을 목격했고, 그 이야기를 입에서 입으로 후세에 전했습니다. 하와이 제도에서 차례차례 이루어진 이 화산 폭발은 여신 펠레가 일으킨 것이지요.

하와이 군도를 탄생시킨 이가 펠레 여신이라면, 제주도에는 설문대 여신이 있습니다. 제주도에도 섬을 탄생시킨 설문대할망이란 커다란 여신 이야기가 전해 옵니다. 할망은 섬 곳곳에 흔적을 남겼습니다. 제주는 본디 육지와 연결되어 있었지요. 빙하기가 끝나고 간빙기가 시작되자 빙하가 녹고, 남해안에 물이 차기 시작했습니다. 간빙기 시대를 목격한 옛날 사람들은 생생한 현장 체험담을 이야기로 남겼는데, 설문대할망도 그런 이야기 중의 하나입니다.

- 설문대할망이라는 키 큰 할머니가 있었다. 한라산을 엉덩이로 깔아 앉고 한쪽 다리는 관탈도, 또 한쪽 다리는 서귀읍 앞바다의 마라

도에 놓았다. 성산일출봉을 빨래 바구니로 삼고, 우도를 빨랫돌로 삼아 빨래를 했다.

– 설문대할망이 오줌을 싸자 그 줄기가 어찌나 세었던지 육지가 패이며 강이 되어 흘러 나갔다. 오줌 줄기에 육지 한 조각이 동강 나서 우도란 섬이 탄생했다.

제주의 오름 제주도의 탄생 신화는 설문대할망과 관련 있다. 할망이 퍼 온 흙이 제주도와 한라산이 되고, 오줌 줄기에서 우도가 생겼으며, 치마폭에서 점점이 떨어진 흙덩어리들이 제주의 오름이 되었다.

- 설문대할망이 치마폭에 흙을 퍼 담아 제주와 한라산을 만들었는데 그 와중에 신발에서 떨어진 흙덩어리들이 360개의 오름이 되었다.

불과 1만 년 전에는 육지의 마고할매도 물이 차오르는 남해 바다를 뚜벅뚜벅 걸어서 건너다녔지요. 한반도 곳곳에서 전승되는 신화적 인물인 마고할매는 세상을 창조한 거대한 여신입니다. 서해안의 섬을 만들었으며, 제주와 육지 사이의 바다를 걸어 다닌 인물입니다. 이처럼 우리 신화의 시작을 차지하는 이 영웅들은 모두 여자였지요. 인류의 초기 역사는 그야말로 여신들의 치마폭에서 자라나고 있었습니다.

화산이 터진 후, 사람은커녕 생물도 없던 땅이 서서히 생명의 섬으로 변하기 시작했습니다. 신화는 인간의 역사가 제주도에서 시작되었음을 알려 줍니다. 삭막하고 황량하던 화산섬은 오늘날 싱그러운 녹색으로 뒤덮여 있습니다. 화산섬을 선물한 조물주에게 감사할 일이지요.

제주는 신들의 섬이니만큼 한라산에도 신이 있었습니다. 한라산에서 태어나 사냥하며 살아가는 하로산또는 산신이면서 수렵의 신이자 목축의 신으로 한라산의 진정한 주인입니다. 민간에서 하로산또를 믿는 것과 별개로 조선 시대에는 국가적인 제사를 지냈을 정도입니다. 그 옛날 백록담까지 올라가 한라산제를 올렸지요.

하지만 백성들이 제물을 지고 올라가다가 얼어 죽는 일이 많아지자, 1470년 제주목사 이약동은 제단을 산 아래에 있는 산천단으로 옮깁니다. 나라 잘되라는 산제 지내려다 백성이 얼어 죽는 건 한참 잘못된 일이기 때문입니다.

오늘날에도 산천단에 가면 제주도 최고령의 곰솔 몇 그루와

산천단의 산신 제단

제단이 남아 있어 하로산또를 모시던 흔적을 볼 수 있습니다. 지금도 제주 사람들은 하로산또가 자신들을 돌봐 주고 있다고 굳게 믿습니다.

한라산을 오른 사람들

높은 산이 있으면 반드시 오르고 싶어 하는 것이 사람의 욕망이라, 많은 사람들이 한라산에 오르기를 소망했습니다. 육지에서 내려온 관리나 귀양객, 외국인들이 등반 기록을 남겼습니다. 그중에서 중요한 몇몇 등반 기록을 살펴볼까요?

시인 임제의 등반

조선 중기의 최고 시인 중 한 명인 임제(1549~1587)는 4개월간 제주를 여행하며 《남명소승》이란 기행문을 썼습니다. 이 책에는 영실계곡에 다다른 모습을 남겼는데, 간이용 텐트가 없던 시절이라 장막을 지고 존자암을 거쳐 올라가 정상에 베이스캠프를 쳤던 것 같습니다.

김상헌의 등반

국가의 공무로 출장 나온 조선 시대 문신 김상헌(1570~1652)은 자신의 여행 일기인 《남사록》에 기록을 남겼습니다.

"오백장군(영실기암의 기암괴석) 골짜기는 돌봉우리가 다투어 빼어나 말 타고 갑옷을 입은 사람 같기도 하고, 혹은 칼과 창을 잡고 깃발을 나부끼는 것 같기도 하며, 푸른 절벽 위에 줄을 지어 서 있어서 오백장군이란 이름을 얻게 된 것이 이것이다."

김치의 등반

1609년, 제주판관을 역임한 김치는 등산하기 딱 좋은 5월 초순에 한라산을 올랐습니다.

"4월 8일. 바람은 따스하고 햇빛은 환한 시절에 산을 올랐다. 평평한 들판은 마치 손바닥 같은데 향기로운 풀들이 자리를 편 듯하다. 철쭉과 진달래가 바위틈에서 빛나고 있어 눈 닿는 대로 한가히 읊조리노라니 그림 속에 들어가 있는 듯하다."

백록담 철쭉제

　지금까지 외지인들의 기록을 살펴보았지만, 한라산을 일상적
으로 오르고 삶의 터전으로 삼은 이들은 제주 토박이가 아니었
을까요? 에베레스트를 등정한 원주민 셰르파는 사라지고 서양
인 이름만 남았듯이, 한라산에는 육지 양반들의 기록만이 남아
있습니다. 한라산 등반을 기록으로 남긴 육지의 관리들에게는
그것이 유흥이었을지 모르나, 그들을 수행한 백성들은 몹시 힘
들었을 것입니다. 등산을 도 닦는 것에 비유했던 제주목사 이원
조는 백록담까지 가마를 타고 올랐다고 합니다.

삼성신화의 주인공인 벽랑국 삼공주 벽화

가마 타고 동굴 구경하기

　화산이 위로는 오름을 만들었다면 지하에는 동굴을 탄생시켰습니다. 제주도 동굴은 신화와 역사의 탄생지였지요. 탐라국을 건국한 삼성신화의 주인공, 고·양·부 삼신인과 벽랑국 삼공주가 혼인했다는 혼인지에는 삼신인이 각기 배필을 맞이하여 혼례를 올리고 첫날밤을 맞이했다는 신방굴이 남아 있습니다.

　이 이야기는 제주 신화의 뿌리가 동굴임을 알려 주며, 제주인

제주 삼성혈 전경

들은 그들의 조상이 삼성혈에서 탄생했다고 믿고 있지요. 화산 지대답게 곳곳에 동굴과 구멍이 있어 신들이 출현하기 알맞아 보입니다. 동굴은 선사 시대에 사람들이 살던 주거지이기도 했습니다.

오늘날 동굴은 지질 관광의 대표 격으로 인기를 끌고 있어 많은 사람들이 만장굴, 김녕굴 같은 굴 구경에 나섭니다. 옛사람들도 횃불 들고 동굴을 찾아다녔지요. 《탐라순력도》에는 사람들이 용암 동굴을 구경하는 그림이 남아 있는데, 옛사람들도 동

《탐라순력도》의 〈김녕관굴도〉에 그려진 옛 선비들의 김녕굴 관람 모습(일부)

굴이 신기롭게 느껴졌던 것 같습니다. 가마 타고 동굴에 들어가고, 가마 타고 한라산을 등정한 양반층의 모습이 민망스럽기는 하지만 지질 관광의 시작이므로 나름대로 의미가 있을 것입니다.

오름의 섬

화산 활동으로 솟구친
360개 봉우리

천의 얼굴을 지닌 오름

　제주도 이해의 지름길은 당연히 오름을 아는 것이지요. 제주도 사람은 물론이고 전국에서 찾아온 사람들이 오름을 오르고 또 오릅니다. 돛오름, 안치오름, 높은오름, 아부오름, 샘이오름, 안돌오름, 밖돌오름, 체오름, 거친오름, 사근이오름, 칡오름, 민오름, 작은돌이오름, 북오름, 뛰꾸니오름, 성불오름…. 오름마다 독특한 아름다움을 가졌고, 오르는 시간과 절기마다의 느낌과 빛깔이 다릅니다.

　산세가 웅장하고 균형 잡혀 있어 '오름의 여왕'이라 불리는 다랑쉬, 드러누운 용의 자태를 닮은 용눈이오름, 억새꽃 물결이 산등선을 따라 춤을 추는 따라비오름, 원뿔형의 칼날 산등선과 말굽형 분화구로 이루어진 거미오름, 새알처럼 귀여운 알오름 등 오름은 천의 얼굴을 지녔습니다.

　일찍이 이형상은 자신의 책 《남환박물》에 이렇게 썼지요.

　"한라산은 한가운데가 우뚝 솟아 있고 여러 오름이 별처럼 여기저기 벌리어 있으니, 온 섬을 들어 이름을 붙인다면 연잎 위의 이슬 구슬

형국이라 할 수 있다."

'연잎 위의 이슬 구슬'이라니, 이렇게 탁월한 표현이 또 있을까요!

오름은 두말할 것 없이 '오르다'에서 온 말입니다. 김상헌은 《남사록》에서 "악은 오롬(원음)이라 하여 특이한 제주어"의 하나로 보았습니다. 송악산, 산방산, 성산일출봉도 산, 봉 같은 이름을 달고 있지만 모두 오름일 뿐이지요.

오름이란 화산 활동으로 형성된 소화산체, 곧 '봉우리'를 뜻하는 순수 우리말입니다. 쉽게 생각해서 제주도에 있는 200m 이하의 봉우리나 산들은 죄다 오름이라고 하면 대체로 옳습니다. 한때 오름을 '기생화산'이라고도 불렀는데 지금은 이 말을 쓰지 않습니다. 그 자체로 독립적인 단성화산, 즉 분화 활동 한 번으로 생성된 화산이기 때문이지요.

옛날, 제주 전역에서 100여 차례 이상의 크고 작은 화산 활동이 이루어졌으며 그 결과 수많은 오름이 생겨났습니다. 제주 오름은 360여 개이며 그 숫자만으로도 세계 최다지요. 기생화산이 많은 시칠리아 에트나산도 고작 260여 개랍니다.

애월 봉성리 이달봉

　오름 중에는 낮은 언덕 같은 나지막한 봉우리가 많아 힘들지
않게 오를 수 있습니다. 길목마다 오름과 초지들이 어우러진 탐
방로가 많지요. 오름은 말 그대로 낮은 언덕부터 일정 부분 낮
은 야산의 정상을 뜻합니다. 제주도에 흩어진 오름만 찾아서 빠
짐없이 올라가는 사람들도 있는데, 그들을 '오름나그네'라고 부
르기도 한답니다.

　그렇다면 오름과 산을 어떻게 구분할까요? 한라산은 분명히
'산'이라고 부르지만, 제주도의 많은 기생화산들은 '오름'이라

부릅니다. 제주 사람들은 경사가 완만하고 봉우리가 둥글게 솟아 있는 형태의 기생화산을 오름이라고 합니다. 육지부의 산들이 산맥에 이어지는 줄기를 형성한다면, 이들 오름은 그야말로 완만한 경사를 보여 줍니다.

　제주도는 오름의 왕국입니다. 오름 없는 제주는 상상조차 할

수 없지요. 제주도 탄생 설화에는 여신 설문대할망이 흙을 나르
다 오름이 생겼다고 설명합니다. 할망이 제주도 한가운데에 한
라산을 높이 쌓으려고 치마로 육지의 흙을 퍼 담았는데, 그 치
마폭 사이에서 땅으로 떨어진 부스러기 흙덩이들이 오름이 되
었다는 것이지요.

애초에 아무런 식물이 없던 오름에도 억새와 나무들이 자라나 각기 다른 경관을 보여 준다.

가을 억새가 우거진 오름

오름에 관한 다른 설화도 있습니다. 중국의 승려이자 도사인 고종달이라는 사람이 바다 건너에 상서로운 기운이 어려 있어 찾아와 보니 바로 제주도였다고 합니다. 고종달이 쇠말뚝을 제주도의 혈 자리 여기저기에 박아 넣어 지기(땅의 정기)를 끊었는데, 그때 땅 이곳저곳에서 피가 솟구치더니 굳어져 오름이 되었다고 합니다.

오름이라고 다 같은 형상은 아닙니다. 성산일출봉이나 산방산, 송악산 같은 웅장한 바위산이 있는가 하면 뒷동산 같은 야트막한 오름도 있습니다.

김상헌은 《남사록》에서 성산일출봉의 아름다움을 노래했지요.

"한라산에서 산세가 끊겨 황야가 여기까지 질펀하게 이어 오다가 갑자기 말통처럼 일어섰다가 바닷속으로 달려 들어간다. 형세가 마치 병 주둥이가 망망한 바다에 가득 찬 것 같다. 좌우의 기암괴석은 사람이 서 있고 짐승이 달려가는 듯하다. 꼭대기에는 돌 봉우리가 둘레를 빙 둘러 있어 자연적으로 산성처럼 되어 있다. 삼면이 바다에 임하여 깎아지른 듯 서 있는 게 8만 자나 된다. 넓은 파도와 큰 물결이 이 는데 끝을 바라보아도 가없다. 바위를 붙잡고 밑을 들여다보니 시력이 황홀하고 다리가 떨려 마음이 두근거리고 서늘하여 안정되지를 않았다. 그 형세로 말한다면 바로 뛰어난 경승지인 것이다.”

김상헌의 표현대로 성산일출봉은 뛰어난 경승지인지라 유네스코 세계자연유산으로 등재되었답니다.

해 뜨는 광경을 그린 《탐라순력도》의 〈성산관일〉을 보면 오른쪽 모래톱을 통해 성산봉과 연결되었으며, 밀물에 모래톱이 끊기곤 했습니다.

또한 1920년대에 찍은 성산봉 사진을 보면 지금과 딴판인 풍경이 펼쳐집니다. 오늘날은 간척이 되어 자동차 도로

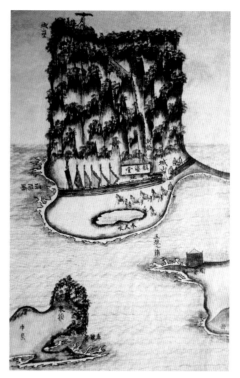

《탐라순력도》의 〈성산관일〉 일부

로 바뀌었지요. 옛 성산봉, 정말 아름다웠을 것입니다.

오름 중에도 특별한 풍경이 있게 마련입니다. 물장오리, 물
찻, 물영아리, 어승생악 등이 있고, 백록담과 비슷한 산정호수
(산꼭대기에 있는 호수)를 품에 안은 오름도 있습니다.

물장오리는 백록담, 영실기암과 더불어 한라산의 3대 성산으
로 알려졌으며 가뭄에 기우제를 지내던 성소입니다. 백록담이
종종 물이 얼마 없는 모습을 보인다면, 물장오리에는 항상 물
이 넘쳐흐릅니다. 제주목사 이원진(1594~1665)이 자신의 책 《탐

1920년대 성산봉

라지》에서 노래한 '장올악(長兀岳)'이 오늘의 물장오리입니다.

물장오리 산꼭대기에는 용이 사는 못이 있는데 지름이 50보에 깊이는 헤아릴 수 없습니다. 사람이 시끄럽게 떠들면 사방에서 비바람이 일어난다고 하지요. 제주 사람들은 가뭄이 들었을 때 여기에서 기도하면 비가 오는 영험함이 있다고 믿습니다.

이원진의 《탐라지》

'오름의 맹주(우두머리)'로 표현되는 어승생악은 화구호에 물이 고인 분화구입니다. 한라산 동쪽 자락의 거문오름은 울창한 산림 속에서 넘쳐나는 산정호수를 자랑하지요. 물영아리는 오름 정상에 습지가 있어 수많은 양서·파충류가 살고 있는 곳으로, 우리나라의 다섯 번째 람사르 습지(국제적인 보전이 필요한 지역임을 람사르협회에서 인정한 곳)로 지정되었습니다. 고산 초원 지대인 만세동산도 드넓은 습지를 지녔습니다.

오름은 제주 사람들의 역사와 풍습에서 가장 가까운 생활 본거지이기도 합니다. 옛사람들은 오름에서 노루를 쫓아 가죽과 고기를 구했고, 집 짓고 뗏목 만들 목재와 일상의 땔감을 구했습니다. 병에 걸리면 오름에서 약초도 구했습니다.

고난의 역사를 함께해 온 오름

오름은 신성한 공간이었습니다. 올림포스가 그리스 신들의 거처라면, 오름은 제주 신화에 출현하는 신들의 고향이지요.

그러나 오름이 어찌 일상의 평화로운 공간이기만 했을까요. 왜구의 빈번한 침략과 수탈·방화, 인신 노예의 공포가 해안을 엄습했을 때, 오름에는 봉화를 올리는 봉수대가 들어서서 오름과 오름을 연결했습니다. 오름에는 전쟁, 반란, 항쟁, 토벌 등의 여러 사건이 줄지어 스쳐 갔습니다. 그 고난의 역사를 어찌 글 몇 줄로 담을 수 있을까요.

제주도 사람들은 자신들이 오름 언저리에서 태어나, 죽어서는 오름 자락의 산담으로 돌아간다고 믿었습니다. 맞바람 부는 휑한 오름 자락에 자리한, 듬성듬성한 돌담과 갈대에 안겨 있는

무덤을 에워싸 보호하는 산담

무덤. 그 무덤들은 제주 사람들의 삶과 죽음이 오름을 빼놓고는
설명할 수 없음을 증명합니다.

세계적으로 희귀한 곶과 자왈

제주 생태 환경의 허파

곶자왈이라는 묘한 이름을 들어본 적이 있나요? 우리나라에서는 제주에만 있는 곶자왈은 세계적으로도 희귀한 자연환경입니다. 곶자왈은 가시덤불과 나무들이 뒤섞인 '곶'과 토양이 빈약한 돌무더기 황무지인 '자왈'이 결합한 제주 말이지요. 즉, '덩굴과 암석이 뒤섞인 어수선한 숲'을 뜻합니다. 곶자왈에는 크고 작은 돌, 화산탄(일명 용암탄으로도 부르며 분출한 용암이 멀리 날아가면서 생긴 자잘한 용암덩어리), 화산이 만들어 낸 풍혈(바람이나 공기가 나오는 구멍 또는 바위틈)이 있으며, 작은 동굴인 궤와 용암 동굴, 소규모 계곡, 오름, 습지도 있습니다.

곶자왈에 가면 경험해 보지 못한 새로운 세계를 만날 수 있습니다. 사람 발길이 끊긴 천연의 숲에는 인공미라고는 찾아볼 수가 없지요. 지하수가 풍부하고 북방 한계 식물과 남방 한계 식물이 공존하는 곳

곶자왈의 풍혈

자왈은 제주만의 독특한 숲입니다. 숲 깊숙이 들어서면 용암투성이의 삭막한 돌무더기에 녹색의 정원이 펼쳐지고 천 년의 침묵이 숲을 지배합니다. 공기는 말할 수 없이 맑고, 숲 내음은 머리의 찌든 내음을 갈아엎습니다. 노루 떼가 인간의 침입에 놀라서 후다닥 달리거나 꿩이 소리치며 날아오를 뿐이지요.

돌무더기 위에 얇은 흙이 뒤덮여서 녹색의 정원을 꾸미긴 했지만, 조금만 땅을 파면 돌이 나와 농사지을 수 없는 불모의 땅입니다. 그러나 자연의 힘은 대단하지요. 척박한 땅에서 현란하게 엽록의 빛을 선사합니다. 숲은 결코 평탄하지 않습니다. 용암이 흘러나오다 쪼개진 돌이 제각각 돌무더기를 이루면서 계곡이 되고, 언덕배기와 평지를 만들어 냈기 때문입니다. 한 줌의 흙이 쌓인 돌 틈에도 나무들은 용케 뿌리 내렸으며 여기저기서 고사리 같은 식물이 눈에 띕니다. 겨울에도 한결 덜 추운데, 늘 푸른 엽록의 숲이 있기 때문으로 곶자왈은 겨울에 따뜻하고 여름에는 시원합니다.

숲의 크고 작은 돌멩이 사이에 최소한의 부엽토(풀이나 낙엽 등이 썩어서 된 흙)가 쌓여 있네요. 나무는 돌과 부엽토에 의지하여 강인한 뿌리를 비집고 내립니다. 식물의 놀라운 생명력이지요.

곳자왈에는 이끼류, 양치류, 가시덤불 등이 뒤엉켜 무성한 숲을 이룬다.

황량한 화산 돌밭에서 식물들이 조심스럽게 뿌리를 내리기 시작했습니다. 나무가 쓰러지고 또다시 자라나고, 풀이 하층 식생을 장악하면서 숲은 서서히 제 모습을 갖추어 나갔지요. 천 년의 숲은 척박한 돌밭에서 모질게 투쟁하여 영역 확장을 거듭했으며 오늘의 곳자왈을 완성했습니다.

그렇게 완성된 곳자왈은 다양한 식생을 지녔습니다. 숲은 이끼류, 양치류, 수목 및 가시덤불로 이루어져 있습니다. 온난 다습한 기후대에 위치하여 식생이 풍부하기에 양치식물 15과 44속 93종을 포함한 총 793종이 서식하지요. 곳자왈은 제주 전체

면적의 6.1%에 불과한 곳이지만 전체 식생에서는 46%나 차지합니다. 대단하지요.

노루의 천국

곳자왈에 들어서면 안정감이 듭니다. 곳자왈은 이미 오랜 숲속의 전쟁을 끝냈기 때문이지요. 키 큰 나무와 난쟁이 잡목, 그 아래에서 식생하는 풀, 벌레와 조류와 사슴, 파충류, 땅속 벌레와 박테리아까지, 오랜 세월을 보내면서 숲은 균형을 이루었습니다. 숲의 학자 펠릭스 파투리(Felix R. Paturi)의 말이 떠오릅니다.

"인간의 눈에 침묵의 숲으로 다가올 뿐, 숲에서는 매일 전쟁이 벌어진다. 나무와 풀이 자신의 영역을 지키려는 거친 싸움을 전개하고 있기 때문이다. 식생이 안정적으로 갖추어진 숲에서는 일종의 휴전 협정이 맺어져 있다. 비교적 안정적 조건에서 서로의 자리를 인정하며 숲 공동체를 이끌어 나가고 있다."

– 펠릭스 파투리, 《숲》

곳자왈은 인간의 손에 의해 많이 훼손되었습니다. 곳자왈이 생태 환경 측면에서 중요함을 인식하고 법적, 제도적으로 보존하려는 운동이 벌어지고 있지만 이미 많은 곳자왈이 사라졌지요. 지금은 제주 서부의 한경-안덕, 애월, 동부의 조천-함덕, 구좌-성산 등 4개의 곳자왈 지대가 남아 있습니다.

그런가 하면 초원 곳자왈도 있습니다. 초원의 풀이 돌멩이 사이에 강하게 뿌리 내리고, 거대 돌밭을 '풀들의 공동체'로 덮어 버렸습니다. 극심한 바람에도 작은 돌멩이조차 흔들리지 않

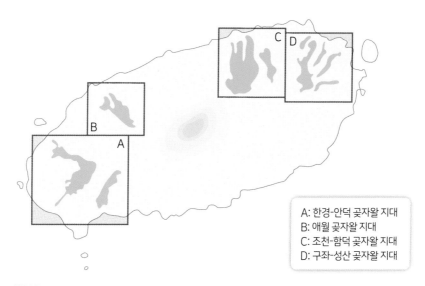

A: 한경-안덕 곳자왈 지대
B: 애월 곳자왈 지대
C: 조천-함덕 곳자왈 지대
D: 구좌-성산 곳자왈 지대

곳자왈 분포도

《탐라순력도》의 〈교래대렵〉

는 안정성을 구축한 것이지요. 어찌 보면 제주는 인간이 살아가는 공간을 빼면 대부분 곶자왈이나 오름으로 이루어진 땅입니다.

초원 곶자왈은 노루의 천국이기도 합니다. 노루가 새끼를 낳고 키우면서 살아가기 안성맞춤인 낙원 같은 곳이지요. 제주는 육지와 달리 호랑이나 표범, 삵 같은 맹수가 없는 섬이라서 노루들이 마음 편하게 번식할 수 있습니다. 《탐라순력도》의 〈교래대렵〉 사냥 그림을 보면 많은 수의 노루 떼가 뛰어다니고 있지요. 병사들을 동원하여 노루를 사냥하는 모습도 보입니다. 아프리카 초원에서 동물을 사냥하는 것과 같은 풍경이 제주 곶자왈 초원에도 있었습니다.

반드시 지켜야 할 자연의 보고

곶자왈은 너무도 소중한 제주의 자연입니다. 옛 제주 사람들은 곶자왈에서 땔감을 구했습니다. 잡목이 지천으로 쌓여 있으니 죽은 나뭇가지만 주워도 땔감 걱정이 없었지요. 곶자왈이 선사하는 땔감이 없었다면 난방이나 취사를 할 때 어려움에 봉착했을 것입니다. 또한 곶자왈의 초원은 손쉽게 목장으로 바뀌었습니다. 소와 말을 방목했으며 국가적으로 운영되는 국영 목장도 만들었습니다. 조선 시대의 국영 목장이 사라지고 난 다음에는 마을 공동 목장이 들어섰습니다.

제주 사람들에게 곶자왈이 없어서는 안 되는 이유는 이것들 외에도 무궁무진합니다. 특히 곶자왈의 물 저장 탱크의 기능은 더할 나위 없이 중요합니다. 빗물은 화산토를 그대로 투과하여 땅 밑으로 내려갑니다. 곶자왈의 거대한 숲은 물을 빨아들이는 블랙홀, 쉽게 말하여 스펀지입니다. 곶자왈 지표면 아래에는 살아 있는 물이 웅크리고 있지요. 식물은 지하 탱크의 물을 끌어올려 자신들의 식수로 사용하면서 인간에게도 그 물을 선사하는 중입니다.

이렇게 소중한 곶자왈이 언제부터인가 인간의 탐욕에 의해
점차 소멸하고 있습니다. 19세기에 제작된 아래의 지도를 보지
요. 거뭇거뭇한 녹황색은 두말할 것 없이 곶자왈입니다. 목장
경계를 표시하면서 가축 방목이 쉽지 않은 숲을 그림으로 그려
두었네요. 인간에 의해 일구어지면서 숲이 사라지는 일이 일찍
부터 이루어졌다는 증거입니다. 21세기 초반의 지금 지도와 비
교한다면, 파괴된 숲이 너무도 넓네요. 인간의 필요성에 의해
거주지, 골프장, 호텔 등이 들어서면서 숲은 제 자리를 빼앗기

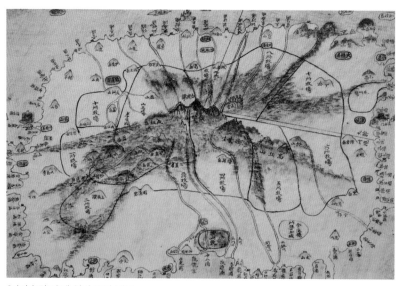

《탐라순력도》에 실린 목장 지도

고 맙니다. 오늘날 남아 있는 4개의 곶자왈은 인간의 침투를 그나마 막아 낸 마지막 쉼터인 셈이지요.

곶자왈이 오염된다면 제주는 식수난을 비롯하여 엄청난 재난에 직면할 것입니다. 천만다행으로 곶자왈의 무분별한 개발을 막아야 한다는 의식이 사람들 사이에 퍼지면서 법률적인 조치도 속속 행해지고 있습니다. 훼손을 막기 위해 개인 땅을 정부가 사들여서 공공의 땅으로 만드는 일이 진행되는 중입니다. 곶자왈을 자연 그대로의 공원으로 만들어 지속 가능한 공간으로 지켜 나가자는 노력입니다.

곶자왈을 지키기 위해서는 곶자왈을 제대로 알고 이해하는 교육부터 이루어져야 합니다. 직접 숲에 들어가 본 사람과 그렇지 않은 사람은 숲을 대하는 태도 자체가 다르기 때문입니다.

백록상 한라산의 상징이던 하얀 사슴은 사람들의 사냥으로 현재 제주에서 멸종되었다.

한라산 1100고지습지 제주의 곶자왈, 오름, 습지는 우리가 아끼고 지켜야 할 아름다운 자연이다.

자, 곶자왈 숲으로 함께 들어가 볼까요? 눈을 감아 보세요. 숲의 맑은 공기가 온몸으로 스며들어 오네요. 노루 새끼들이 숲 속에서 바스락거리는 소리도 들리고요. 꿩들도 날고 있네요. 숲이 주는 무한한 고마움을 느껴 보세요.

풀과 나무의 섬

어느 곳에나 신비로운
풀과 나무가 울창하지요

제주도 전체가 종합 식물원

제주는 풀과 나무의 보물창고입니다. 제주의 놀랍도록 다양한 식생이야말로 관광객을 끌어들이는 주요 요인인데요, 한겨울에 야외에서 녹색의 정원을 볼 수 있다는 것만으로도 여행의 기쁨이 커지기 때문이지요.

제주의 '녹색 보물창고'는 난대상록활엽수림이라 부릅니다. 난대상록활엽수림은 여름에 강우량이 많고 다습하며 온난한 지대에 발달하는 산림이지요. 난대상록활엽수림에서 자라는 나무들은 동백나무나 녹나무처럼 잎 표면을 두꺼운 각피 층이 덮고 있어 반짝반짝 빛납니다. 난대상록활엽수림은 지구상의 극히 한정된 곳에서만 볼 수 있습니다. 제주를 비롯하여 남해안의 좁은 해안 지대와 일본 남부, 그리고 중국의 양쯔강 남부로부터 히말라야에 이르는 지대에 분포하지요.

무더운 적도와 아열대에는 울창한 열대수림이 뒤덮여 있고, 시베리아의 추운 타이가에는 침엽수림이 뒤덮여 있지요. 그렇지만 난대상록활엽수림대의 사계절 푸른 숲은 이와는 다른 아름다움을 선사합니다. 햇볕을 받으면 반짝이는 상록의 잎이 사람들에게 따스함과 신선한 느낌을 줍니다. 겨울에 앙상한 가지만 남는 활엽수림에 비하여 1년 내내 짙푸르기 때문에 마음을 풍요롭게 합니다.

　제주도에서는 구실잣밤나무, 붉가시나무, 후박나무 같은 교목(키가 8m 이상 자라며 줄기가 곧은 나무), 황칠나무 같은 관목(키가 작고 밑동에서 가지를 많이 치는 나무), 한란이나 새우란 같은 희귀 식물과 양치식물이 자랍니다. 서귀포의 섶섬, 문섬, 범섬 등은 따스한 해양성 기후에서 자라는 희귀 식물을 간직하고 있지요.

난대상록활엽수림대의 제주나 일본, 중국 남부 지역에서는 공통되게 밀감과 차가 생산됩니다. 제주에서도 차가 만들어지며, 무엇보다 귤이 자랍니다. '제주도의 귤이 육지로 가면 탱자가 된다.'는 말이 있습니다. 기후가 변하면 귤이 탱자처럼 작아진다는 뜻이지요. 이는 난대상록활엽수림대의 한계선이 제주에서 그어져 있다는 뜻입니다. 제주는 축복받은 땅입니다. 한겨울 눈 속에서 빛을 발하는 황금 열매가 내뿜는 남쪽 나라의 따스한 느낌을 생각해 볼 일이지요.

사려니 숲 제주의 숲은 많은 사람들을 위한 열린 휴식처로 활용되기도 한다.

제주에는 상록수림만 있는 것이 아닙니다. 한라산에는 낙엽이 지는 낙엽활엽수림도 있습니다. 졸참나무, 개서어나무군락 등이 활엽수림이지요. 산 아래에 난대상록수림이 있다면 한라산 중간에는 활엽수림이 자라고 있고, 그 위쪽으로 침엽수림대가 형성되지요. 한라산 고산 지대에는 산철쭉, 제주조릿대 같은 관목림이 펼쳐지는데 구상나무가 대표 격입니다. 제주도 전체를 종합 식물원이라 불러도 될 것 같네요.

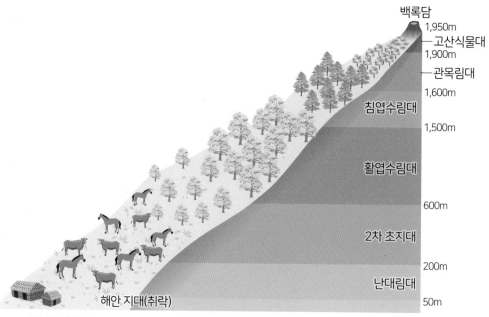

백록담
1,950m
고산식물대
1,900m
관목림대
1,600m
침엽수림대
1,500m
활엽수림대
600m
2차 초지대
200m
난대림대
해안 지대(취락)
50m

한라산 식생 분포도

비와 안개와 햇빛이 가꾸어 낸 나무들

  제주는 강우량이 많습니다. 비가 많이 오는 데다가 햇볕도 강렬하여 고온다습하지요. 한라산 주변과 바닷가에는 안개도 자주 낍니다. 식물이 자라는 데 더할 나위 없이 좋은 여건을 마련해 주지요. 여간해서는 영하 이하로 기온이 떨어지지 않기 때문에 식물이 성장하기에도 좋습니다.

  제주는 나무의 고향이기도 하지요. 제주 곳곳에서 다양한 나

제주시 조천읍 선흘리에 있는 동백동산

무가 눈에 띕니다. 잎사귀에 기름이 반질반질하여 흡사 동백기름을 발라 놓은 듯한 동백나무도 있습니다. 동백나무는 남쪽에서 올라오는 따스한 구로시오 해류를 따라 분포합니다. 제주는 물론이고 한반도의 남해안, 그리고 난류가 흘러가는 서해안 일부 해안가에서 동백나무가 자랍니다. 한겨울에 붉은 꽃을 피워 내는 동백꽃은 봄을 알려 주는 화신이지요.

제주에는 천연기념물로 지정된 비자나무 숲도 있습니다. 거대한 나무들이 천 년의 세월 동안 훼손되지 않고 잘 보존되어 있지요. 조선 시대에는 비자나무의 열매를 따서 국가에 바쳤으며, 희귀한 한약재로 이용했습니다. 그 밖에 식용유, 등불기름, 머릿기름 등 쓰임이 다양했습니다. 목재로서도 훌륭했지요. 일제 강점기에는 남김없이 일본으로 가져가 버리는 등 철저하게 관리된 나무였습니다. 식물에 대한 국가의 통제가 정밀했다는 건, 그만큼 이득과 효용성이 높았다는 역설적 증거이지요.

비교적 흔한 감나무는 제주 의복인 갈옷을 염색할 때 사용되었습니다. 제주는 천연 염색으로도 유명합니다. 떫은 풋감의 즙으로 물을 들여서 농어민의 노동복 또는 일상복을 만듭니다. 갈옷은 갈중의, 갈등지게, 갈적삼, 강베중이 등 다양한 이름으로 불리지요. 감물 염색법은 한국·일본·중국·태국 등 동아시아에서 널리 행해집니다. 갈옷은 바람이 잘 통하여 풀 먹인 새 옷처럼 늘 촉감이 좋습니다. 시원한 느낌을 주고, 땀이 나거나 물에 젖어도 몸에 달라붙지 않아 좋지요. 가시덤불에 잘 걸리지 않고, 걸려서 찢기는 일도 없습니다. 참

감물 들이기

으로 경제적이고 생태적인 옷입니다.

　한라산의 신령스러운 기운을 상징하는 아흔아홉 골의 적송도 있습니다. 적송은 한반도 본토에만 자라는 것으로 잘못 아는 사람도 있지만 제주에도 적송 숲이 있지요. 추운 지방에서 자라는 소나무로서는 제주도가 남방 한계선인 셈입니다. 수백 년 세월을 버텨 온 강인한 해송들도 자랍니다.

　한라산을 오르다 보면 거대한 구상나무와 죽은 나무들이 아름답게 서 있는 모습을 보게 됩니다. 천연기념물로 지정된 한라

산 왕벚나무와 그의 사촌들인 올벚나무, 산벚나무, 잔털벚나무, 섬개벚나무, 산개버찌나무, 한라벚나무도 화사한 꽃을 자랑합니다. '제주의 나무'로 불릴 만한 폭낭(팽나무)도 아름답습니다.

약초가 잘 자라는 화산토

제주는 약초의 고향이기도 합니다. 불로초를 구하러 제주에 왔던 서복의 이야기는 그만큼 제주에서 약초가 많이 나왔다는 뜻이기도 하지요. 김석익(1885~1956)은 자신의 역사서 《탐라기년》에 이렇게 썼습니다.

"기이한 나무와 이름 없는 꽃이 푸르게 서로 엉켜 있는데 거의 모두 겨울에도 푸르지만 이름은 알 수 없다. 한라산의 신비로운 기운이 가득 차 풀과 나무에 뭉쳐 있어 그런 것이리라."

한라산에서 내려오는 거역할 수 없는 신령한 기운이 나무와 풀을 감싸기 때문일까요? 실제로 한라산과 오름 그리고 해안의 들판은 물론이고 조간대의 염생식물(바닷가 등 염분이 많은 토양에서 자라는 식물)에 이르기까지, 제주는 특이한 기운으로 그득 차 있습니다.

봄이 오면 제주 사람들은 저마다 오름으로, 곶자왈로 고사리를 뜯으러 갑니다. 양치식물의 대표 격인 고사리는 식탁에서 빠질 수 없는 중요한 먹거리입니다. 제주처럼 좋은 고사리가 많이 나는 곳도 드물지요. 비가 많이 내리고 기온이 높은 환경이 고사리를 힘차게 만들어 낸 결과입니다.

대표적인 양치식물인 고사리

제주 앞바다에서 자라는 문주란

구로시오 해류가 전해 준 파초일엽

제주에 흔한 녹나무 같은 조엽수림은 남쪽 바다에서 올라온 식물입니다. 토끼섬에 가면 문주란 같은 예쁜 꽃들이 모여 있습니다. 남쪽에서 올라오는 따스한 구로시오 해류가 제주를 감싸고 있는데, 이 해류를 따라 남쪽에서 올라온 이주 식물들이지요.

　제주의 이렇게 귀한 풀과 나무들이 점차 사라지고 있습니다. 한란과 나도풍란, 파초일엽, 새우란 등은 높은 가격에 거래되어 사라지고 있지요. 찬바람 속에서 꿋꿋하게 꽃을 피우는 한란은 기품이 서려 있어 선비들에게 사랑받던 꽃입니다. 육지에서는 온실에서 자라는 파초일엽을 제주도에서는 밖에서도 볼 수 있다는 건 그만큼 제주의 풍토가 육지와 다르다는 뜻이겠지요.

　솔잎란, 박달목서, 만년콩, 갯대추, 죽절초, 지네발난, 모데미풀의 서식지도 사라지고 있습니다. 삼백초, 흑오미자, 시러미, 섬오갈피 같은 약용·식용 식물들도 사라지고 있습니다. 인간의 탐욕으로부터 이 식물들을 보호하려는 노력이 한층 더 필요한 것 같습니다.

생게남돈지당의 생명력

　제주 식물의 강인한 생명력을 생각할 때마다 종달리 바닷가의 생게남돈지당을 떠올리곤 합니다. 제주 사람들은 돈지당에 자리 잡은 돈지할망과 돈지하르방이라는 신들이 어부들을 보호해 준다고 믿습니다. 돈지당은 온통 바위로 이루어진 돌밭인데 신비롭게도 엽록상록수의 신목이 사철 푸름을 자랑하며 강인한 뿌리를 드리웁니다. 소금기와 바람이란 악조건에도 불구하고 생명의 나무란 이런 것이다, 하는 모범을 보이는 중입니다. 당목(마을의 수호신으로 모셔 제사를 지내는 나무)에는 오색 천이 걸려 녹색의 아름다움과 묘한 조화를 이루며, 바위 색과 바닷물 색까지 어우러져 살아 있는 식물이 뿜어내는 오묘한 신비로 보는 이들을 압도합니다. 이보다 신비로운 생명의 비밀이 또 있을까요?

종달리 돈지당

물의 섬

해안에서 솟구치는
용천수의 힘

제주 사람들의 생명줄인 용천수

제주에서 가장 많은 것인 돌, 바람, 여자를 손꼽아 '삼다(三多)'라고 하지요. 거기에 물을 넣어서 '사다(四多)'라고 부르는 것이 맞다고 생각합니다.

제주를 다니다 보면 시원한 샘물이 곳곳에서 눈에 띕니다. 땅거죽이 현무암층으로 덮여 있으니 빗물이 쉽게 빠져 지하로 흐르지요. 육지처럼 꽐꽐 흐르는 냇물을 찾기 힘든 이유가 바로 화산토 토양 때문입니다. 그러다가 바닷가에 이르면 지하로 흐른 물이 솟구칩니다. 이를 이름하여 용천수라 부르는데, 용이 승천하듯이 힘차게 솟구쳤다는 뜻이겠지요.

제주 마을들이 해변에 늘어선 이유도 알고 보면 이 용천수 탓입니다. 용천수의 일부는 어승생, 영실 같은 산악 지대에서도 솟구칩니다. 하지만 대체로 바닷가에서 솟구치기 때문에 마을이 바닷가 쪽에 들어선 것이지요. 제주 사람들은 밀물일 때는 바닷물에 잠겼다가 썰물일 때만 나타나는 이 용천수를 물 단지인 물허벅으로 길어다 썼습니다. 지금은 수도를 쓰고 있지만 예전에는 모두 용천수에 의존하여 살았지요.

갯가에서 솟는 용천수를 '통물'이라고 하는데, 통물은 밀물과 썰물의 영향을 받습니다. 조천읍 북촌리라는 동네에서 어떻게 물을 이용하는지 살펴볼까요? 마을에는 먹는 물인 사원잇물, 우앙물, 정짓물, 도와치물, 큰고망물, 족은고망물, 새끼고망물 등 무려 24개의 통물이 있습니다. 마을 사람들은 아침밥을 준비하기 전에 반드시 물부터 길어 둡니다. 물때에 따라서 통물이 바닷물에 잠기기 때문이지요. 물을 먹는 순서도 썰물에는 도와치물, 밀물에는 사원잇물, 큰고망물, 새기고망물 순으로 먹었습니다. 물때의 변화를 지혜롭게 알아차려 과학적으로 생활을 꾸려 나갔음을 알 수 있지요.

용천수 중에는 기저 지하수도 있습니다. 기저 지하수는 지하
에 고인 민물과 바닷물의 밀도 차이에 의해, 민물이 바닷물 위
쪽에 볼록 렌즈 모양으로 떠 있는 상태의 지하수를 말합니다.
섬이라는 특수한 조건이 빚어낸 자연 현상이지요.

용천수 통물

과도한 지하수 개발은 지하수 오염 문제를 일으킵니다. 물이 풍부하여 그야말로 '물 쓰듯 하다.'는 속담이 있지만, 이제는 그 속담을 버릴 때가 되었습니다. 제주 곳곳에 들어서는 골프장들과 리조트들이 바닷물 오염의 주범으로 주목되기 때문이지요.

물허벅의 탄생

용천수는 나름의 관리 시스템을 지닙니다. 상류는 식수, 그 아래는 채소 씻는 물, 하류는 빨래용 등으로 구분하여 사용하지요. 함부로 물을 이용하면 오염되기 때문에 식수와 허드렛물을 지혜롭게 구분했습니다. 용천수 중에는 깊은 곳에서 솟구쳐서 우물처럼 바가지로 물을 떠 사용하는 통물도 있습니다.

용천수가 솟지 않아 물이 귀한 중산간 마을에서는 못을 파서 빗물을 저장해 쓰는 봉천수를 사용했습니다. 용천수처럼 마을의 관리 시스템을 가지고 구분하여 사용했는데, 물을 이용하는 집단을 나누어 자기 구역의 물만 이용하게 규칙을 세웠지요. 말과 소가 먹는 물은 별도로 지정하여 이용했습니다. 인간이나 동물이나 살아가는 데 물이 가장 중요했기 때문에 만들어진 규칙들입니다.

제주 여성에게 가장 힘든 일은 물 나르기였지요. 멀리 떨어진 집까지 물을 나르는 일은 참 어려웠어요. 물은 반드시 허벅에 담아 날랐습니다. 그래서 제주도 살림집에는 정지(부엌) 앞에 물팡돌이라 하여, 물허벅을 쉽게 내려놓도록 납작한 돌을 세웁니다. 허벅은 항상 물팡돌에 놓아두지요. 밭이나 바다에서 돌아와

물허벅(왼쪽)과 물 항아리(오른쪽) 제주 사람들은 물을 허벅에 담아 등으로 지고 와서 사용하거나, 나무에 묶은 띠를 통해 빗물을 항아리에 받아 썼다.

제주의 옹기 화산토를 이용해 옹기를 만들기 때문에 대부분 붉은색을 띤다.

재빨리 물을 길 수 있게 한 배려입니다. 제주는 워낙 물이 귀하므로 집안에 큰 일이 닥치면 허벅으로 물을 날라다 주는 물 부조를 하기도 했습니다.

허벅은 대부분 붉은색을 띱니다. 제주의 옹기(항아리)는 육지의 것과 다르게 붉은색이 강한데요, 화산토를 이용하여 그릇을 굽기 때문입니다. 제주 옹기 역시 '숨 쉬는 항아리'로서 제주 사람들의 삶에 빼놓을 수 없는 필수품이지요.

우도 같은 섬에서는 물이 너무도 귀했기 때문에 빗물을 항아리에 받아 썼습니다. 그래서 제주도에는 '춤'이라 부르는 재미있는 물받기 장치가 있습니다. 머리카락처럼 엮은 띠를 뒤뜰 나무에 묶어 항아리로 빗물이 흘러내리도록 한 장치인데, 괌을 여행하다가 원주민 차모로족들이 똑같은 방식으로 빗물을 받아 쓰고 있어 놀랐던 적이 있습니다. 세계 어느 나라나 섬은 물이 귀했기 때문에 이 같은 장치가 발명된 것 같습니다.

머리에 이지 않고 등에 지는 문화

제주 여성들은 짐을 머리에 이지 않고 등에 지고 갑니다. 육지와는 너무도 다른 관습이지요. 일찍이 조선 시대의 지리서 《신증동국여지승람》 제주목 풍속조에서 "등에 나무로 만든 통, 즉 물통을 지고 다니며 머리에 이는 자가 없다."고 했습니다.

제주목사를 지낸 이건(1614~1662)의 《제주풍토기》에도, "머리에 이지 않고 등에 진다. 벌통 모양과 같은 긴 통을 만들어서 물을 긷고 등에 져서 가는데, 보기에 매우 해괴하다. 물을 긷는 것만이 아니라 대체로 이고 갈 수 있는 물건은 모두 지고 가는데 마치 남정네들이 땔나무를 지는 것과 같다."고 했습니다.

  육지 여자들이 물동이를 머리에 이는 데 반하여 제주에서는 등짐으로 집니다. 이유는 제주의 돌밭 때문이지요. 물동이를 머리에 이고 가면 돌부리에 걸려 넘어지기 때문입니다. 물동이도 다르게 생겼습니다. 육지의 물동이는 머리 운반에 유리하게 바닥이 넓고 평평하다면, 제주 물동이인 허벅은 물구덕이라는 대바구니에 넣어 등짐을 지기 쉽게 되어 있습니다.

  제주 엄마들은 밭일 갈 때도 아기를 이 구덕에 담아서 등에 지고 갔습니다. 육지에서 엄마들이 아기를 업고 가는 것과는 다른 풍습이지요. 아기를 아기구덕에 담아 밭에 놓고, 엄마는 제주도 자장가인 '웡이자랑'을 불러 준답니

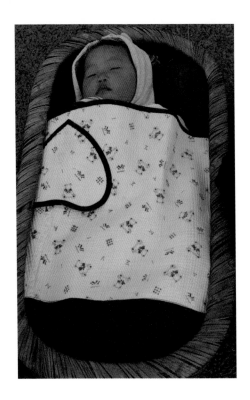

아기구덕 제주 아기들은 모두 아기구덕이라는 바구니에서 자랐다.

다. 예전의 제주도 아이들은 모두 구덕에서 자라난 셈이지요.

평상시에는 늘 말라 있는 건천

　제주에서는 하천을 내창, 즉 내천이라고 부르는데, 이것이 제주 곳곳에 무려 60여 개나 있습니다. 내천은 보통 바짝 말라 있습니다. 평상시에는 물이 흐르지 않는 건천이기 때문이지요. 그렇지만 늘 푸른 물이 흐르는 내천도 있습니다. 제주 시내로 흐

제주 해안가의 용천수

르는 산지천과 광령천, 천지연을 끼고 있는 서귀포시의 연외천, 강정천, 돈내코 계곡(효돈천), 북제주군의 옹포천은 물의 하천이라 할 수 있을 만큼 수량이 풍부합니다. 한라산이 품어 낸 물이 내천을 통해 힘차게 흘러가기 때문입니다.

제주의 용천수와 내천, 건천 역시 화산이 만들어 준 선물입니다. 제주 흙은 화산토이기 때문에 물이 지하로 스며들어 건천이 될 수밖에 없는 운명입니다. 그러나 폭우가 내리면 용트림을 하면서 건천에도 엄청난 양의 물이 흘러갑니다. 화산토에 스며들어 사라진 물들은 땅속으로 흘러 흘러 용천수로 다시금 솟구치게 되겠지요. 제주의 물과 그 물을 이용하는 사람들의 지혜를 이해한다면, 제주 문화의 절반은 이미 이해한 것입니다.

산지천의 용천수에서 빨래하던 모습

쇠소깍 중류의 건천

구로시오 난류가 흘러서
늘 따스하지요

제주는 난류가 지배하는 해양성 기후

　제주를 둘러싼 바다에도 당연히 바닷물의 흐름인 해류가 있습니다. 제주에 가장 큰 영향을 미치는 해류는 뜨거운 난류인 구로시오 해류입니다. 한겨울에도 제주와 일본 규슈, 나아가 울릉도와 독도 근처 바다까지 구로시오 난류가 흐르지요.

　구로시오는 북적도 해류에서 시작됩니다. 적도에서 발생해 타이완 동쪽에서 오키나와 제도, 아마미 제도로 북상하다가 일본의 규슈 아래에서 두 가닥으로 갈라집니다. 위쪽 가닥은 제주와 남해안은 물론이고 서해, 동해에도 영향을 미칩니다. 마라도부터 이어도 해양과학 기지를 거쳐 타이완과 규슈, 오키나와 그리고 멀리 필리핀까지 강력한 구로시오 해류로 이어짐을 알 수 있지요.

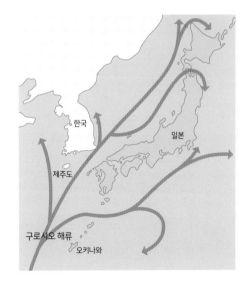

구로시오 해류도

무태장어가 살고 있는 열대

구로시오 난류는 저 멀리 적도 해류와 연관이 있습니다. 뱀장어로 예를 들어 보겠습니다. 필리핀 동쪽의 섬들인 미크로네시아에 가 보니, 서귀포 천지연에 살고 있는 무태장어와 똑같이 생긴 놈들이 살고 있었습니다. 서귀포 무태장어는 적도권 뱀장어와 같은 열대성 물고기이지요. 서귀포는 일본 나가사키와 함께 무태장어가 살 수 있는 북방 한계선에 있습니다. 무태장어는 난류를 따라 북상해 오기 때문에, 천지연에 웅크린 무태장어가 서해안이나 동해안으로 올라오는 일은 없습니다. 적도에서 만난 무태장어를 제주까지 밀어붙인 힘은 두말할 것 없이 구로시오입니다.

그런데 구로시오의 이 강력한 힘은 미크로네시아의 뱀장어가 살고 있는 적도 바다에서 생겨납니다. 따뜻한 태평양은 강력한 구름 공장이지요. 구름 공장에서 생겨난 강력한 열대 기후는 구로시오 해류가 형성되는 데 영향을 줍니다. 태평양에서 뜨거워진 난류가 북상하면서 점차 힘을 얻어 강해지지요.

구로시오 해류는 여름에는 고온다습하게 하고 겨울에는 건조한 아열대성 바람을 몰고 옵니다. 제주 역시 바람이 심하며 태풍이 몰려와 피해를 주기도 합니다. 적도의 태평양에서 만들어진 구름이 남긴 결과이지요.

제주에서 흔히 볼 수 있는 문주란은 오키나와 같은 남쪽 섬에서도 만날 수 있습니다. 구로시오 해류가 문주란 같은 생물체를 부지런히 실어 보낸 것이지요. 온난하며 습기를 머금은 구로시오 해류야말로 남방으로부터 오는 다양한 문명 교류의 길이자 배를 떠밀어 내는 동력이었습니다.

일본 다네가섬의 문주란(왼쪽)과 제주도의 문주란(오른쪽)

구로시오 로드

바다를 통해 이동하려면 두말할 것 없이 바람의 힘이 뒷받침되어야 하지요. 그러나 인간만이 바닷길로 이동하는 것은 아닙니다. 해류를 따라 이동하는 동물과 식물 그리고 그러한 이동이 가져온 문화적 영향에 주목해야 합니다. 제주에 영향을 미친 구로시오 해류가 가져온 자연과 문명의 길을 '구로시오 로드(구로시오 길)'라 명명하고, 대표적인 구로시오 로드로 떠나 봅니다.

문주란과 선인장 로드

제주의 하도리 토끼섬에는 문주란이 그득 꽃을 피웁니다. 아열대 식물이 언제 토끼섬에 정착했는지는 아무도 모릅니다. 아마 남쪽 바다에서 해류에 밀려 이곳에 정착했으리라 믿을 뿐이지요. 바닷물을 타고 씨앗이 이동하다가 제주 해안에 정착했을 겁니다. 생명을 전파하는 자연의 위대한 힘에 경외감이 느껴지네요.

애월읍 광령리나 마라도에는 '백 년에 한 번 꽃을 피운다.'는 백년초 군락을 만날 수 있습니다. 육지에서는 이 백년초를 '부

채선인장' 또는 '손바닥선인장'이라고 부르지요. 선인장이 해류에 밀려와 제주 해변에 정착하여 이제는 어엿한 자생 식물이 되었습니다.

마라도의 백년초

방어와 고등어 로드

어항(물고기를 잡거나 양식하는 데 필요한 시설물을 갖춘 항구)으로 유명한 모슬포는 방어로 소문이 났습니다. 해마다 12월이면 제주 서남단 모슬포항에서는 방어 축제가 한창이지요. 구로시오 난류를 따라 올라온 방어가 한 달여 동안 엄청나게 잡히기 때문입니다. 방어는 봄부터 여름까지는 북쪽으로, 가을에서 겨울에는 남쪽으로 남북 회유(물고기가 계절을 따라 한 곳에서 다른 곳으로 헤엄쳐 이동하는 일)를 거듭합니다.

전갱이(각재기)

고등어와 삼치 같은 많은 푸른 생선도 구로시오를 타고 올라옵니다. 일본인이 '아지'라고 부르는 전갱이를 제주 사람들은 각재기라 부르며 횟감으로 즐겨 먹는데, 전갱이 역시 남방 어류입니다. 지구 온난화로 바다의 온도가 높아지면서 요즘에는 참치도 올라오고 있습니다. 온난화로 제주에서 방어가 사라지고 동해에서 잡히는 변화가 이루어지는 중입니다.

고래와 거북이 로드

오키나와로부터 제주 바다, 한반도 서해안과 동해안이 모두 고래의 본거지였습니다. 귀신고래같이 오호츠크해에서 내려오는 북방 고래도 있지만, 수많은 고래가 한반도 본토와 제주 그리고 일본 사이의 바다에서 잡혔습니다. 일본의 고래잡이배들이 엄청나게 많은 고래를 잡아들였지요. 구로시오 해류는 태평양의 고래가 올라오는 길목이기 때문입니다.

거북이들도 구로시오 해류를 타면 아주 손쉽게 제주와 우리나라 본토로 올라올 수 있습니다. 우리 어부들은 어쩌다 거북이가 그물에 걸리면 용왕의 자식이라고 하여 막걸리까지 먹여서 되돌려 보냅니다. 한국인에게 거북이는 신비스러운 존재이기 때문이지요. 그만큼 거북이가 귀합니다. 거북이의 원래 고향은 남쪽 지방이며, 구로시오를 타고 올라오다가 길을 잃은 한두 마리가 한반도 연안에서 체포되는 것입니다.

거북이

제주와 오키나와의 빈번한 교류

많은 제주 사람들이 타이완과 오키나와, 필리핀으로 표류했음은 태평양 해양 세계와 제주가 무관하지 않았다는 것을 증명합니다. 오늘의 일본 오키나와는 예전에는 독립 왕국이었던 류큐 왕국이었지요. 류큐는 조선 왕조와 긴밀하게 교류하면서 문명을 주고받았습니다. 류큐 사절단은 1389년에 고려 왕에게 사자를 파견하기도 했습니다. 조선 왕조 때도 류큐는 사절단을 50여 회나 보내 올 정도로 교류에 적극적이었지요.

종종 조선 사람들이 바다에서 길을 잃고 류큐로 표류했는데,

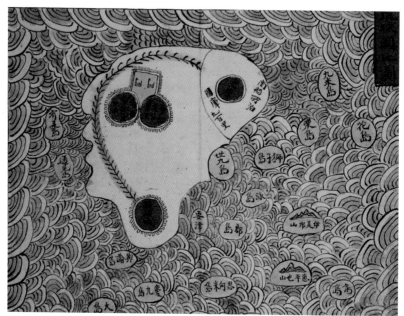

류큐 왕국을 그린 조선 후기의 지도

류큐는 그때마다 그들을 후하게 환대하고 돌려보내 주었습니다. 특히 제주 사람들은 빈번할 정도로 류큐로 표류했습니다. 물론 류큐 사람들이 제주에 표류한 적도 많습니다. 구로시오 해류 때문이지요. 네덜란드 사람 하멜이 타이완에서 일본으로 가다가 제주도에 도착한 것도 구로시오 해류 덕분입니다. 제주 남쪽에 많은 섬나라들이 있고, 구로시오 해류는 이곳으로 올라오고 있으니까요. 제주의 자연과 삶에 큰 영향을 미치는 구로시오는 태풍을 몰고 오는 무서운 해류이지만, 한편으로는 온갖 문물을 갖고 오는 은혜로운 해류이기도 하지요.

해류를 통하여 태평양과 제주는 끊임없이 소통하고 있습니다. 그렇다면 제주를 '육지에 딸린 섬'이 아닌 '태평양으로 한 걸음 나아간 섬'으로 이해할 필요가 있지 않을까요? 지도를 거꾸로 놓고 본다면 제주도는 우리나라에서 태평양으로 가장 멀리 진출한 섬이지요.

돌담에서 태어나
돌담으로 되돌아갑니다

돌은 제주인의 숙명

제주에 유배되어 온 조선 지식인들의 눈에 이 섬은 거칠고 황량하게만 느껴졌지요. 낯선 외국인에게는 특히 검은색 돌담이 위협적으로 다가왔습니다. 1901년에 제주도를 찾은 독일인 지그프리트 겐테도 돌담에 불편한 인상을 받았습니다. 그는 아예 돌담을 전쟁을 위한 장벽으로 깎아내렸지요.

"시내 중심도 온통 검고 위협적이었다. 골목은 좁고 모든 농가들은 시가전을 대비라도 하듯 온통 검은 현무암 덩어리로 벽을 둘러놓아 마치 섬 전체에 검은 도장을 찍어 놓은 듯했다."

그러나 돌담이야말로 제주 사람들에게 가장 친숙하고 일상적인 풍경입니다. 그들에게 돌담은 태어나서 죽을 때까지 한시도 눈길에서 놓을 수 없는 상징이지요. 아예 '돌담에서 왔다가 돌담으로 돌아가는 사람들'이란 표현도 가능합니다.

제주 사람들은 돌 구들(아궁이에 불을 지펴 바닥을 덥히는 난방 방식) 위에서 태어나고, 죽어서는 산담에 둘러싸인 작지왓(자갈밭)

의 묘 속에 묻힙니다. 살림집 벽체가 돌이며, 울타리와 올레, 수시로 밟고 다니는 잇돌(디딤돌)도 모두 돌입니다. 산길은 물론 밭길, 심지어 바닷길도 모두 돌밭이지요. 그래서 제주 사람들은 짚신이 아닌 질긴 칡신을 만들어 신기도 했습니다. 돌 때문에 발이 아파 짚신으로는 당해 낼 재간이 없었기 때문이지요.

돌담을 제대로 이해한다면 제주를 절반은 이해한 것으로 보아도 좋지 않을까요? 제주 돌담의 세계로 떠나가 봅니다.

올레의 돌담

집을 둘러싼 돌담

축담(집담)은 제주 전통 건축의 기본입니다. 제주 살림집은 거센 바람 때문에, 또는 화산회토(화산재 등이 퇴적하여 생긴 토양) 때문에 육지처럼 흙벽으로는 버틸 수 없습니다. 바깥벽을 자연석이나 인공적으로 쪼아 다듬은 가끈돌로 쌓아 바람막이를 해야 합니다. 처마 끝과 돌담의 위를 맞붙게 하지 않으면 틈새 때문에 바람이 스며드는 문제가 발생하지요.

제주에는 집 안에 텃밭인 우영팟이 있는데, 이 우영팟에도 담을 둘러 가축이 뛰어들지 않게 하고, 바람막이도 겸합니다. 우영팟 돌담 안에서 아늑하게 자라는 채소가 내뿜는 봄의 생명력과, 그 채소를 먹고 살아가는 집안 사람들의 건강을 생각해 본다면 돌담이 얼마나 소중한지를 느낄 수 있지요. 또한 집 안 구석에는 돼지를 키우고 변을 보는 통싯담(변소 돌담)을 만들어 이용했습니다.

집을 벗어나면 골목길 올레가 있습니다. 큰 올레는 큰길, 작은 올레는 작은 골목을 뜻합니다. 크고 작은 길이 돌담으로 이어진 모습은 아름답지요. 올레는 외부 시선을 차단하여 독립 공

돼지 통을 둘러싼 통싯담

간을 가지려는 의도에서 만들었습니다. 강한 바람이 집 안에 직
접적으로 들이치지 못하게 하는 바람막이 역할도 담당합니다.

밭을 둘러싼 돌담

제주에서 가장 많은 담은 역시 밭에 쌓은 밭담입니다. 밭담은
말과 소의 침범을 막고 화산토가 날리지 않게 촘촘하게 쌓지요.

기다란 검은 밭담

밭담을 쌓는 마을 사람의 모습

제주는 바람과 돌이 많다 보니 일찍부터 밭담이 있었을 것입니다. 밭담은 이웃 간의 경계를 구분하는 역할도 담당합니다.

밭담도 종류가 다양하지요. 초가지붕을 덮는 새(볏과 식물을 통틀어 부르는 말)를 기르는 돌담은 새왓담, 겨울에 말과 소에게 먹일 풀인 꼴을 기르는 밭의 돌담은 촐왓담입니다. 메밀이나 밭벼를 파종하는 밭, 겨울나기 가축 먹이용 꼴밭이나 지붕을 이기 위한 띠밭 등은 돌담을 두르지 않는 무장전이지요. 반대로 담을 쌓아 둘러놓은 밭은 담밭이라 하는데, 해안 지대의 밭은 거의 담밭이라 해도 무방합니다.

신당을 둘러싼 돌담

마을의 신을 모시는 신당에도 돌담을 쌓습니다. 사람 사는 곳과 마찬가지로 신이 사는 곳에도 예외 없이 돌담을 둘러 아늑하게 만들지요. 조천읍 와흘리의 본향당을 찾아가니 돌담 위로 폭낭의 우람한 가지들이 그늘을 드리우고 화려한 물색이 새로운 세상을 연출하고 있습니다. 월평리 다라굿당을 찾아가니 밭담이 길 따라 이어진 끝에 신당의 담이 연이어집니다. 남제주 대평리처럼 아예 돌담 안에 신당이 있기도 하지요.

무덤을 둘러싼 돌담

제주에서는 무덤을 산이라 부르며, 무덤의 돌담은 산담이라 부릅니다. 제주 사람들은 죽은 사람을 땅에 묻고 나면 흙을 둥글게 쌓아 올린 봉분을 만든 다음 빠르게 산담을 두릅니다. 가축이 들어와 풀을 뜯다가 묘를 허물 수 있기 때문이지요. 또한 제주에서는 가축이 먹을 꼴이 잘 자라게 하고 진드기를 구제하기 위해 늦가을에는 목양지에 방애불(들판에 놓는 불)을 놓는데, 이때 불기운이 무덤으로 침범하지 못하게 담을 쌓기도 합니다.

산담은 대체로 높이가 1m 정도로 얕습니다. 담장으로 가려

산담 무덤을 두른 산담은 풀을 뜯는 가축, 불 등으로부터 무덤을 보호해 주었다.

놓으면 영혼의 바깥출입이 곤란하지요. 제주 사람들은 죽은 자의 영혼도 가끔 바깥나들이를 한다고 믿고 있습니다. 그래서 산담 한편에 신문(신이 드나드는 문)이라 부르는 출입문을 만듭니다. 사람은 죽었어도 영혼만큼은 산 사람처럼 평상시에 대문으로 들어서듯이 신문으로 들어오게 하려는 배려입니다.

목장을 둘러싼 돌담

조선 초기부터 한라산지에 설치된 국영 목마장의 상하 경계에 쌓은 돌담인 잣담(혹은 잣성)도 중요합니다. '잣'은 성을 의미하며, 잣담은 '널따랗게 돌로 쌓아 올린 기다란 담'을 뜻합니다.

예로부터 우리나라는 제주에 국가의 목장을 만들어 두고 해마다 말을 바치게 했습니다. 제주를 빙 두른 돌담 안에서 말을 키웠지요. 어마어마하게 긴 돌담을 쌓고 말을 키우느라 제주 사람들은 많은 고생을 했습니다. 지금도 그 옛날 목장에서 사용하던 알잣, 웃잣, 하잣담, 상잣담 같은 담 이름이 전해져 오며 실제로 그때 만들었던 돌담이 곳곳에 남아 있습니다.

바다를 둘러싼 돌담

바다에도 돌담이 있습니다. 밀물을 따라 들어온 물고기가 썰물에 갇혀서 빠져나가지 못하게 만든 돌담을 육지에서는 돌살 또는 독살로 부르며, 제주에서는 원담 또는 갯담이라 부릅니다.

원담, 갯담은 대체로 제주의 모든 해안 마을에 설치되었습니다. 제주 바다에는 용암바위가 많아 그물을 던지면 날카로운 바위에 찢겨서 사용할 수 없게 되므로, 제주 사람들은 그물을 던지는 대신 돌담을 만들어 물고기를 잡았던 것이지요.

원담이나 갯담에서 잡아들이는 수산물의 양도 양이지만 손쉽

게 채취할 수 있다는 장점 때문에 무척이나 중요했습니다. 특히
제주 사람들의 살림에서 빼놓을 수 없는 멜(멸치) 잡이에 유용하
지요. 원담이나 갯담에 멜이 많이 들어오면 온 동네 사람들이
나가서 잡아 올립니다. 그렇게 잡은 멜은 먹을거리로도 쓰지만
대부분은 척박한 화산토에 뿌려 기름진 비료로 씁니다.

알뜹 해안가의 원담

섬 전체를 둘러싼 돌담

제주 최대의 돌담은 역시 만리잣담인 환해장성이지요. 해안을 빙 두르는 환해장성은 밭담과 함께 제주를 '흑룡만리의 섬(검은 용이 만 리나 뻗어 있는 섬이라는 뜻)'이라 불리게 했습니다. 환해장성은 다른 나라의 침입을 막기 위해서 해안가의 파도에 씻긴 크고 둥근 알돌로 쌓았습니다. 해안을 전체적으로 둘러쌓은 300리 길이의 장성으로 고장성이라고도 합니다.

환해장성 외부의 적을 막기 위해 쌓은 만리잣담이다.

돌담의 과학성과 아름다움

제주의 거센 바람에도 돌담은 무너지지 않고 잘 버티고 있지요. 돌담이 과학적이기 때문입니다. 촘촘하게 쌓지만 구멍이 숭숭 뚫려 있어요. 틈새를 주지 않고 완벽하게 쌓으면 거친 바람에 언젠가 돌담이 무너질 수 있습니다. 그래서 조금씩 바람이 빠질 수 있는 구멍을 열어 둡니다. 거센 바람이 그 사이로 빠져나가면 돌담은 무너지지 않고 끄떡없이 제자리를 지킵니다. 또한 송악 같은 덩굴류 식물이 돌담을 타고 든든하게 얽어매어 돌들을 붙여 줍니다. 제주 사람들이 만들고 가꾸어 온 놀라운 지혜이지요.

그 무엇보다 제주 돌담은 아름답습니다. 길게 뻗은 돌담에서는 제주 특유의 아름다움이 배어 나옵니다. 돌담을 이해하지 않고는 제주 문화를 이해하지 못한 것과 같을 것입니다.

제주 돌담의 바람구멍

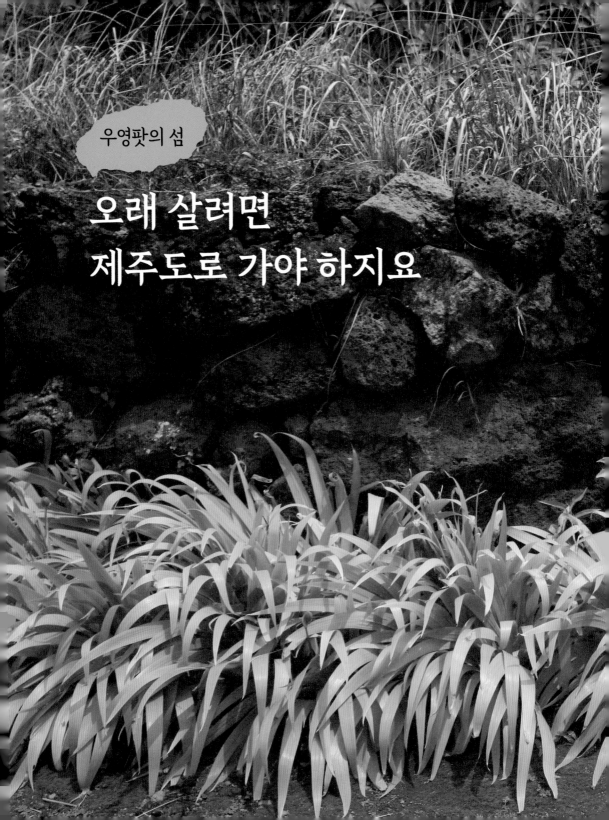

우영팟의 섬

오래 살려면
제주도로 가야 하지요

거칠고도 모진 풍토

　제주의 토양은 화산토로 이루어져 있습니다. 거친 화산토는
농사를 쉽게 허락하지 않지요. 제주에 찾아온 사람들이 남긴 문
헌 기록을 보면 모두가 거친 토양을 지적했습니다. 임제의《남
명소승》을 볼까요?

　"온 섬이 자갈투성이고 한 조각의 풍성한 흙이라고는 없다."

　그래서 제주에서는 바다풀
거름이 발달했지요. 바다풀
거름을 뿌리면 3년은 비료를
주지 않아도 될 정도로 땅이
기름집니다. 이 거름용 바다
풀은 깊은 물속에서 캐내기도
하고, 바람이 불어 바닷가로
밀려든 바다풀을 건져 내기도
해서 말린 다음 거름으로 이

거름용 바다풀

용했습니다. 봄이 오면 해경 혹은 허채라 하여 해초 채취 금지가 일제히 풀립니다. 이때 사람들은 바다로 나가 해초를 베어 내지요. 미역은 2~3월, 감태는 여름철에 종괴호미로 베어 내 거름으로 씁니다. 해녀나 어민의 어로 작업에서 큰 부분을 차지하는 것이 이 비료용 해초 채취입니다.

원담에 든 멜(멸치)도 고급 비료였지요. 집에서 기르는 돗통시(똥돼지)도 기름진 퇴비를 생산하기에 보리농사에서 더할 나위 없이 소중합니다.

멜 잡이에 이용된 원담

이렇게 해녀 노동과 원담 노동, 가축 사육 등이 모두 거친 토양을 기름지게 하는 목적에 활용되었습니다. 제주는 토양이 안 좋은 데다가 물 사정도 좋지 않았지요. 농경지나 비닐하우스가 넓어진 것은 지하에서 물을 뽑아 올려 쓰게 된 최근의 변화입니다.

〈메밀꽃 필 무렵〉의 본 무대

제주에서 가장 중요한 곡식은 무엇일까요? 당연히 쌀보다는 잡곡이 중요합니다. 보리나 조, 메밀을 많이 먹었지요. 특히 메밀은 제주 문화에서 중요한 의미를 차지합니다.

메밀은 이미 제주 신화에도 등장합니다. 자청비와 문도령이 다섯 가지 곡식인 오곡의 씨앗을 갖고 7월 보름에 인간 세상으로 내려올 때, 그만 오곡 중에서 메밀 씨를 놓고 왔지요. 옥황상제에게 돌아가서 메밀 씨를 갖고 와 보니 여름 파종 시기가 훌쩍 지났습니다. 그래도 씨앗을 뿌리니 다른 곡식과 같이 가을에 거둬들일 수 있었다고 합니다.

실제로 메밀은 농사가 이미 끝난 시점에 뒤늦게 뿌려도 수확할 수 있습니다. 조를 파종했으나 발아되지 않아 어쩔 수 없는 끝물에 이를 때, 그 자리에 메밀을 파종합니다. 농사가 불가능할 것 같은 목장 밭에서도 메밀은 잘 자랍니다. 밭매기도 그리 어렵지 않습니다. 파종에서 수확에 이르기까지 인력도 많이 들지 않지요.

빙떡은 메밀과 무를 이용해 만드는 제주의 대표적인 전통 음식입니다. 메밀가루를 반죽하여 돼지비계로 지져서 무채를 넣고 말아 만들지요. 메밀전의 담백한 맛과 무숙채의 삼삼하고 시원한 맛이 별미입니다. 메밀과 무의 찰떡궁합이랄까요. 이웃이

메밀과 무로 만드는 빙떡

나 친족 제사에는 빙떡을 부조로 전달합니다. 공동체의 떡이며, 마음까지 나누는 떡이라서 정신 건강에도 좋은 떡이지요. 빙떡이야말로 제주 사람들이 가장 사랑하는 음식 중 하나입니다.

그런 빙떡의 주재료인 메밀은 제주를 대표하는 잡곡 아닐까요? 이효석의 단편 소설 〈메밀꽃 필 무렵〉이 봉평을 무대로 하였기에, 메밀은 오직 강원도에서만 나는 줄 아는 사람이 많습니다. 소설 속 "산허리는 온통 메밀밭이어서 피기 시작한 꽃이 소금을 뿌린 듯이 흐뭇한 달빛에 숨이 막힐 지경"이란 대목이 국

제주의 메밀밭

어 교과서 수업으로 각인되었기 때문이지요. 그러나 메밀은 오히려 제주도의 대표 잡곡입니다. 제주에서 가장 중요한 알곡으로는 보리가 있지만, 거친 풍토가 낳은 거친 음식의 대표 격으로 메밀을 주목해야 합니다.

제주의 논을 문화유산으로

제주에 온 외부인들의 눈에 논은 거의 보이지 않습니다. 그러나 예전에는 제주에도 상당량의 논이 있었고, 지금도 일부나마 논농사를 짓고 있습니다. 예전에는 제주 여러 마을에서 찔끔찔끔 논농사를 지었으며 농토의 약 1%가 논이었지요. 그러나 1970년대까지 이어지던 논은 오늘날 대부분 사라졌습니다.

분화구에 조성된 넓은 논

제주에서는 비가 내리는 족족 빗물이 화산토로 스며들기 때문에 논이 불가능하지요. 물이 고였다가도 쉬 말라 버리는 논인 건답을 두고 강답 또는 마른논이라고도 합니다. 물이 흔한 골답은 흐렝이 또는 흐렁논입니다. 제주에서는 마른논에서 자라는 밭벼를 많이 심었습니다. 더할 나위 없이 귀한 존재인 제주 논을 문화유산으로 지정해야 하지 않을까요? 오히려 화산회토로 힘들게 조성한 논을 주목하지 않는 것이 더 이상하지요.

메밀, 보리, 고구마, 조, 쌀은 제주 사람들을 지탱해 온 저력이었습니다. 역사는 지혜와 노력만 가지고 이끌어 갈 수 없지요. 하늘이 내린 '밥의 힘'이 없이는 그 어떤 역사도 불가능합니다. 그러나 오랜 세월 제주 사람들의 밥상에 올랐던 이들 곡식은 그저 거친 음식이자 평범한 음식으로 내몰리고 말았습니다.

구황 음식이 일상 음식, 일상 음식이 구황 음식

한반도는 기본적으로 쌀밥 문화입니다. 쌀이 귀하던 시절에는 보리밥 비중이 컸지만 사람들은 역시 쌀밥을 가장 좋아합니다. 그러나 현실적으로 쌀은 늘 귀했지요. 그래서 제주는 분식(분말)과 입식(낱알 잡곡)이 혼재된 식문화를 가졌습니다. 잡곡 가루를 이용한 분식이 많았다는 뜻이지요.

제주의 밥은 보리나 조에 팥과 녹두, 고구마, 감자 또는 톳, 파래, 무, 본속, 쑥, 너패, 감태를 함께 섞은 영양낭푼밥입니다. 오늘날에 보면, 가난한 자의 밥상이었던 톳밥(톳을 섞은 밥)이야말로 최고의 건강식이죠. 수확한 곡식은 말방아로 가져가 곡식 알을 떨어내거나, 곡식의 껍질을 벗기고 빻아서 사용했습니다.

미나리꽝

밀방아

당근 밭

제주 음식에서 김치류는 별로 중요하지 않습니다. 제주의 더운 날씨에 일찍 시어 버리는 데다가 고추 농사가 잘되지 않다 보니 겉절이 형태의 김치가 있을 뿐입니다. 육지와 달리 옹기를 땅에 묻는 것도 보기 힘들지요. 춥지 않은 날씨에 김칫독을 묻거나 대규모 김장을 할 필요가 없습니다. 사계절 푸른 배추를 먹을 수 있기 때문입니다.

채소로는 나물이 중요합니다. 한라산과 오름, 곶자왈은 나물의 보물창고이지요. 제주는 고사리가 유명한데, 봄부터 고사리를 꺾어 말려 두었다가 요긴하게 씁니다. 봄이 오면 고사리를 따러 숲으로 들어가는 사람들을 곳곳에서 만나곤 하지요. 그 밖에 당근과 미나리도 제주 사람들이 많이 재배하여 즐겨 먹는 제주의 특산물입니다.

제주에서는 구황 음식(흉년에 주식 대신 먹는 음식)이 일상 음식이고, 일상 음식이 구황 음식이나 마찬가지입니다. 그 경계가 없습니다. 그만큼 거친 음식을 먹고 살던 곳이지요. 오늘날 기준으로는 그 거친 음식이 오히려 몸에 더 좋은 음식입니다.

장수 비결은 거친 음식

자연환경이 열악함에도 제주는 최고령자가 많은 장수의 섬입니다. 《탐라순력도》에는 서귀포의 정의현성에서 치러진 노인 잔치를 그린 그림 〈정의양노〉가 실려 있지요. 당시 80세 이상이 17인, 90세 이상이 5인이었습니다. 제주목에는 80세 이상이 183인, 90세 이상이 23인, 100세 이상이 3인입니다. 그래서 제주를 '장수하는 사람이 많다.'라고 하였습니다.

오늘날에도 제주에는 건강한 노인이 많습니다. 팔순 넘은 할망 해녀가 물에 뛰어드는 경우도 많습니다. 공기가 맑고 물이 깨끗합니다. 공기와 물이 사람에게 중요한 밥이라고 한다면, 제주는 최상의 밥을 선사하는 섬입니다.

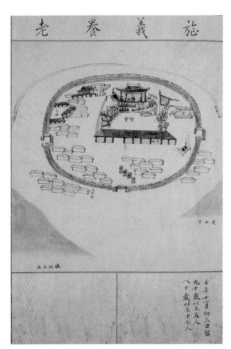

《탐라순력도》의 〈정의양노〉

오늘날 거친 음식을 먹자는 운동이 벌어지고 있습니다. 식재료를 정제되지 않은 거친 상태로 먹자는 운동으로 슬로푸드 운동과 맥락을 같이합니다. 장수국 핀란드에서는 일반 가정, 학교, 병원의 식탁도 거친 음식으로 차립니다. 일본의 장수 마을 노인들도 거친 음식으로 초라한 밥상을 차려 건강을 지킵니다. 제주의 토속 음식은 기본적으로 거친 음식이 많습니다. 보리나 메밀 같은 곡식, 바다에서 나는 몸과 톳 같은 해초가 모두 그러하지요.

거친 음식이야말로 장수를 보장하는 저력입니다. 지난날은 초라한 밥상으로 여겨졌겠지만, 오늘날로 치면 황제 식탁을 뛰어넘는 건강식이 아닐 수 없지요. 제주 전통 음식에 관심을 기울여야 할 시대가 왔습니다.

제철 음식을 공급하는 우영팟

제주의 또 다른 장수 비결은 텃밭인 우영팟에서 나옵니다. 살림집에 우영이라는 채소밭과 소막(축사, 통시(변소))은 없어서는 안 되지요. 우영에는 채소뿐 아니라 제사용 과일을 위한 귤나무, 갈옷을 위한 감나무, 죽제품을 위한 대나무도 심습니다. 양파나 감자 같은 구근류를 재배하거나 지하에 저장하기도 하고 그 묘종도 재배합니다. 그래서 우영팟에서 살아가는 힘을 기른다고 하지요.

모든 농사가 그렇겠지만 따스한 기후도 무시할 수 없습니다. 겨울과 초봄에는 모진 바람이 불어 육지 이상으로 춥지만 실제 기온은 따스하지요. 돌담만 잘 쌓아 바람을 막아 주면 한겨울에

우영팟 제주 사람들의 밥상에는 우영팟에서 나는 채소가 올라간다.

도 배추가 잘 사랍니다. 서울을 이겨 낸 봄동 배추로 된장국을 끓여 내면 이보다 좋을 수 없지요. 2월 추위에도 상추가 야외에서 월동하기 때문에 농약 치는 상추와 비교할 수 없습니다. 게으르지만 않다면 우영팟만으로 가족이 먹을 채소를 기를 수 있기에, 우영팟은 제주 음식의 근본이 됩니다.

　맑은 공기와 좋은 물을 마시면서 살아가는 것만으로 제주도를 한반도의 유토피아(이상향)라고 칭찬한다면 너무 과한 말일까요. 사람은 나서 서울로 보내고 말은 제주도로 보내란 속담도 바뀔 때가 되었습니다. 오래 살고 싶으면 제주도로 가라, 그런 속담이 생겨날 것 같네요.

거센 비바람의
길목에 있는 곳

바다에서 형성된 태풍

제주도는 바람의 섬이자 태풍의 섬입니다. 바람이 일상적으로 부는 것이라면 태풍은 무섭도록 매우 거센 바람입니다. 태풍은 우리말이 아니고 'typhoon'에서 비롯된 말입니다. 한반도에 올라오는 태풍은 각각의 이름이 존재하여 '태풍 매미', '태풍 루사'와 같이 부르지요. 국제적 협약에 따라 태풍마다 다른 이름을 정합니다.

한반도는 북서태평양권에 속합니다. 태풍이란 북서태평양에서 발생하는 열대성 저기압을 뜻합니다. 따뜻한 해류에서 증발한 수증기가 상승 기류의 압박을 강하게 받았을 때 나타나는 자연 현상으로 강한 비바람을 동반하지요.

하멜 동상 네덜란드 사람 하멜은 태풍을 만나 제주로 표류해 왔다.

제주도는 우리나라의 가장 아래쪽에 있는데, 이 말을 반대로 해석하면 태평양 쪽으로 맨 앞에 나가 있는 섬이라는 뜻이기도 합니다. 그래서 북서태평양에서 북상한 태풍이 가장 먼저 당도하는 곳이 제주도랍니다. 제주 사람들은 늘 태풍을 대비하고 있지요.

애월한담공원의 장한철 기념비 《표해록》에는 장한철이 태풍을 만나 바다를 표류하며 겪은 이야기가 기록되어 있다.

태풍은 무섭습니다. 강한 태풍이 오면 철근콘크리트로 만든 무거운 방파제도 날아가고 작은 집도 날아갑니다. 나무가 뽑혀 나갈 정도의 강풍과 함께 집중호우가 쏟아져서 홍수가 나기도 합니다. 비행기가 끊기고 배도 뜨지 못합니다. 육지에서 여행 온 사람들의 발목이 묶이는 경우도 많지요. 심한 태풍에는 사람이 다치거나 심지어 죽기도 합니다.

태풍이 제주도로 올라오면 한라산에 가로막혀 그대로 북상하지 못하고 오른쪽으로 휘어져서 일본의 규슈 지방을 강하게 때립니다. 우리나라에서는 주로 제주도와 경상남도, 전라남도가 태풍으로 직접적인 피해를 보는 편입니다. 태풍의 진로는 시계 방향으로 휘어 포물선 형태를 그리는 것이 대부분이기 때문이지요. 태풍 소식이 들려오면 사람들은 태풍이 어느 길로 갈 것인지를 걱정하면서 방송을 지켜봅니다.

태풍이 우리나라로 와도 보통은 한반도 전반에 영향을 미치지는 않습니다. 하지만 2002년에 왔던 제15호 태풍 루사는 우리나라 정중앙을 제대로 관통하고 지나갔습니다. 무려 22시간 동안 소백산맥 쪽의 지자체와 영동 지역을 중심으로 자신의 모든 것을 퍼붓고 사라졌고 기록적인 피해를 주었지요.

제주도는 태풍의 길목

태풍은 주로 여름에 옵니다. 그러나 기후가 불안정해지면서 가을 태풍도 많아지고 있는데, 대체로 여름 태풍보다 가을 태

외돌개 태풍의 길목에 위치한 외돌개는 태풍 소식이 들려올 때면 출입이 금지되곤 한다.

풍이 더 큰 피해를 남기곤 하지요. 그럼에도 태풍은 한여름부터 초가을인 7월, 8월, 9월에 자주 발생합니다. 태풍이 생기려면 하지(24절기의 하나로 낮 길이가 1년 중에 가장 길다.)를 지나서 어느 정도 바다에 열과 에너지가 쌓여야 하기 때문입니다. 한반도에 다가오는 태풍은 대부분 이 기간에 집중되어 있습니다.

태풍이 몰고 올라오는 무덥고 습한 북태평양의 열기가 남하하는 시베리아 냉기와 충돌하면서 거센 바람과 폭우를 뿌릴 가능성이 높습니다. 농작물이나 과일나무 등의 수확기인 가을철에 태풍이 들이닥쳐서 한 해 농사를 망치는 경우가 많지요.

태풍은 기압계를 변동시켜 기온을 확 변화시키기도 합니다. 태풍 덕분에 무더위가 꺾이기도 하지만 더 심각해질 수도 있으며, 습도가 내려가거나 올라가는 등의 이상 현상을 동반합니다. 태풍으로 기온뿐만 아니라 장마전선도 움직여서 건조한 지역에 비를 뿌려 줄 수도 있고, 반대로 폭우가 오는 지역에 장마를 이동시켜 맑게 하기도 합니다.

제주도는 태풍의 길목에 있기 때문에 각종 예측 장비를 동원하면 한반도에 도착하는 태풍의 피해를 줄일 수 있습니다. 남쪽 바다인 이어도 해양과학기지에도 태풍 관측 장치가 있어 미리 태풍의 세기를 예측하여 피해를 예방할 시간을 벌 수 있습니다.

지구 온난화로 더 무서워지는 태풍

바다가 뜨거워지고 있습니다. 뜨거워지는 만큼 수증기 증발이 더 많이 일어나고, 많은 양의 수증기는 태풍의 핵을 만들어 북상합니다. 지구 온난화가 진행될수록 태풍 위력도 강해질 가능성이 높지요. 2013년 이후, 기후 변동으로 태풍이 오는 시기가 늦어지면서 여름 태풍이 줄고 가을 태풍은 늘고 있습니다. 여름보다 가을 태풍의 위력이 더 강한 만큼, 일반 태풍보다 더 강력한 '슈퍼태풍'이 더 많이 발생하고 있습니다.

태풍은 바닷물의 열에너지를 공기의 움직임(바람), 즉 운동에너지로 전환하는 현상입니다. 따라서 태풍이 날뛸 때마다 바다는 조금씩 식게 됩니다. 태풍이 지나가고 나면 바다가 죽은 듯이 조용해지고 온도는 내려갑니다.

태풍의 눈

태풍은 나쁜 결과만 남기지 않습니다. 바닷물을 뒤집으면서 바다 밑을 정화하고 새로운 자연환경을 만들어 냅니다. 계곡에서는 온갖 묵은 쓰레기를 바다로 몰고 내려갑니다. 무서운 태풍이 지나가고 나면 고깃배에는 물고기가 가득 잡히기도 합니다. 태풍은 인간에게는 무섭지만 자연을 정화하고 재정리하는 데 꼭 필요하지요.

제주 사람들은 늘 태풍에 대비합니다. 지붕을 단단히 붙잡아매고, 길거리에 있는 불필요한 간판 등도 잘 챙겨 둡니다. 태풍이 일상적으로 다가오는 섬이기 때문에 위험을 예방하고 대처하는 능력을 갖추고 있습니다.

바람의 저항을 덜 받도록 둥근 형태를 한 제주의 초가지붕

뜨거워지는 바다

바다의 수온 상승은 제주도에도 치명적인 문제입니다. 지구 온난화 시대에 수온이 1℃ 높아져서 수면이 1m만 상승한다고 해도 치명타지요.

따뜻한 제주도 바다에서 살던 자리돔 같은 물고기가 이제는 독도 등 북쪽 바다에서도 잡힙니다. 추운 겨울이면 제주에서 주로 잡히던 방어가 이제는 동해안에서도 잡히고 있습니다. 서귀포 바다에서는 어부들이 한평생 보지 못하던 노랑 물고기, 파랑 물고기 같은 아열대 물고기들이 잡히고 있습니다. 지구 온난화가 가져온 결과입니다.

육지에도 영향을 주는 바다의 수온 상승은 기후 변화로 일어납니다. 기후 변화는 지구 전체 대기를 변화시키는

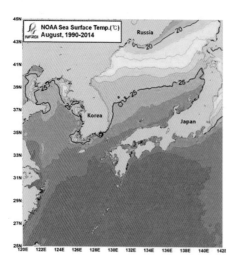

미국 해양대기청이 일찍이 예측한 뜨거워지는 제주 주변의 바다

인간의 활동이 직접적 또는 간접적인 원인이지요. 인간의 과도한 제품 생산, 무차별적인 소비 등이 빚어낸 탄소 배출 증가 때문에 바다는 나날이 뜨거워집니다.

제주도는 바다가 뜨거워지면서 생기는 변화를 가장 먼저 엿볼 수 있는 곳입니다. 제주도에서 소나무들은 사라지고 활엽수림으로 바뀌고 있습니다. 구상나무 같은 식물들이 사라지는 중이지요. 바다의 수온 상승은 슈퍼태풍을 발생시키는 건 물론이고 섬의 기후대도 변화시킵니다. 제주 바다는 타이완, 필리핀 같은 아열대 바다로 바뀌고 있습니다. 인간이 환경을 오염시킨 결과입니다.

마라도, 가파도, 우도, 비양도, 추자도, 이어도

한반도의 남쪽 끝 섬, 마라도

한반도 최남단의 땅, 마라도에 발 딛고 서면 느낌이 아주 색다릅니다. 우리 땅이 용케 여기까지 뿌리내렸구나 싶어 감회가 새롭지요.

마라도 선착장에 당도하면 첫눈에 해식동굴부터 만납니다. 파도가 들이치고 또다시 들이쳐서 만든 천연의 동굴이지요. 또한 선착장에 오르면 절로 "와!" 하는 탄성이 나옵니다. 너른 들판이 시작되는데, 끝이 보이지 않는 풀밭이 하늘과 바다와 맞닿아 있습니다. 바람이 거침없이 불어 쓰러질 것만 같습니다.

마라도에는 피지 못한 처녀의 한이 서려 있습니다. 북쪽 바닷가 높은 언덕에 위치한 마라도 본향당은 아이를 업고 다니던 어린 처녀 아기업개의 혼을 모시기 때문에 비바리당, 아기업개당이라고 부릅니다. 마라도에 풍부한 소라, 전복 등 해산물은 가파도와 모슬포 해녀들이 잡고 있습니다.

밤에 보는 마라도의 등대는 마음을 설레게 합니다. 한반도 남쪽을 지켜 주는 항공모함처럼 생긴 넓적하고 이 야트막한 섬에서 등대는 그래도 가장 높은 곳에 자리 잡아 항로를 밝힙니다.

등대 앞에서는 백년초 군락을 만납니다. 멀리 구로시오해류를
타고 이민 온 식물입니다.

　마라도에 있는 초등학교는 우리나라 최북단에 있는 고성의
명파리초등학교와 1982년 자매결연을 맺고, 매년 학생들이 교
환 방문을 하고 있지요. 이 학교 이름은 가파초등학교 마라분교
입니다.

조원분 신키시~면장자

해를자장

가파초등학교 마라분교

마라도 인구가 줄면서 학생도 줄었습니다. 선생님 혼자서 일대일 교육을 하는데 같이 바닷가로 나가서 물새를 구경하고 억새밭을 거닐기도 합니다. 60년 넘는 전통을 지니며 100여 명의 졸업생을 배출한 이 자그마한 학교는 끈질긴 통폐합의 압력을 받으면서도 '한반도 최남단 학교'라는 존재 가치 덕분에 역사를 이어 가는 중입니다.

가파도 개경기념비 가파도에서 농사를 지은 지 120년이 되었음을 기념하며 1962년에 세운 비석이다.

보리농사를 짓는 가파도

마라도 사람들은 먹을 게 떨어지거나 물이 없어 위기가 닥치면 봉화를 올렸다고 합니다. 그러면 가파도에서 육지로 이 소식을 알렸습니다. 마라도와 가파도는 형제의 우애를 나눈 섬이라고 할 수 있지

요. '갚아도 좋고 말아도 좋다.'라는 말에서 마라도와 가파도가
나왔다는 우스갯소리도 전해집니다.

가파도는 제주 모슬포항에서 불과 5.5km 떨어진 거리에 위
치한 섬입니다. 섬 전체가 접시 모양으로 완만하고 평탄하며,
토양이 좋아 제법 농사가 잘됩니다. 물 사정이 좋고 해산물도
풍부하여 일찍부터 사람이 살았고 해녀들도 물질을 많이 하고
있습니다. 원래 목장이 많았던 가파도는 보리농사로도 유명하
여 해마다 청보리 축제를 열고 있습니다.

가파도는 작은 섬인데도 일찍부터 학교 교육이 시작되었습니
다. 독립운동가 김성숙은 가파 신유의숙학교를 설립했고, 김한
정은 가파도에서 문맹 퇴치와 반일 운동을 주도했지요. 가파초
등학교에 가면 그들의 동상이 서 있어 지난 역사를 알 수 있습
니다.

가파도나 마라도에서 눈을 들어 북쪽을 보면 산방산이 문턱
에 있고, 한라산이 웅장하게 보입니다. 섬에서 바라보는 한라산
의 자태는 늘 경이롭지요. 푸른 물을 사이에 두고 하얀 봉우리
에 운해가 감돌아, 하늘과 산과 바다가 하나로 붙어 버립니다.

소가 누워 있는 듯한 우도

　문주란이 곱게 피고 지는 토끼섬에서 바라보면 우도(혹은 소섬)가 정겹게 다가옵니다. 소가 누운 형상이라 우도라 했는데, 정말로 우도는 바다 위에 소가 누운 것 같네요. 푸른 바다에 소가 꼼짝도 하지 않고 누워서 하품을 합니다.

　18세기의 고지도 《탐라순력도》에는 말을 관리하는 목자와 보인 23명, 말이 262두 기록되어 있습니다. 아직 촌락은 형성되

《탐라순력도》 중 〈우도점마〉 일부 우도 목장에 있는 말을 점검하는 모습을 그린 그림이다.

지 않았던 것으로 나타나지요. 1984년에 내려진 농경지 개간 허가로 사람의 거주가 시작된 것으로 짐작됩니다.

우도는 부속 섬으로서는 제일 커서 하나의 면을 구성할 정도입니다. 섬 가운데로 들어가면 면사무소와 학교, 상가들이 중심을 잡고 섬을 둘러 가면서 11개의 자연 마을이 흩어져 있어 어느 한 곳도 버릴 곳이 없습니다. 한마디로 부자 섬이지요. 우도가 부자 섬이 된 건 험한 바다 일에 뛰어든 여성들 덕분에 가능했습니다.

오늘날 우도에는 엄청나게 많은 관광객이 몰려들고 있으며, 특히 우도의 명물인 우도 땅콩은 사람들에게 인기를 끌고 있습니다. 우도의 고래콧구멍 동굴에서는 해마다 동굴음악회도 열리고 있으며, 100년이 넘은 우도 등대의 아름다운 풍경도 인상적이지요.

천 년의 섬 비양도

가오리 형상의 비양도는 글자 그대로 '날아온 섬'입니다. 비양

비양도

도는 1002년에 화산이 폭발하여 형성된 '천 년의 섬'이지요. 수십 가구가 옹기종기 모여 살면서 어업으로 먹고삽니다.

비양도에서 빼놓을 수 없는 곳은 염습지인 펄낭입니다. 바닥으로 바닷물이 스며들어 형성된 펄낭은 조수 운동과 반대로 밀물에는 수위가 줄고 썰물에는 높아집니다.

비양도는 둘레를 한 바퀴 도는 데 한 시간이 안 걸릴 정도로 작은 섬이지요. 섬의 중심인 비양봉에 올라가면 한림항은 물론이고 자잘한 오름들과 한라산 정봉이 보입니다.

펄랑못

육지와 제주도의 징검다리인 추자군도

추자도의 행정구역 이름은 북제주군 추자면입니다. 그런데 추자도에서 제주도 토박이말을 들어 보기란 쉽지 않지요. 오히려 호남(전라남도와 전라북도) 말투가 많습니다. 자연 지리적으로나 문화적으로 전라도와 제주도의 중간 지대라고 할까요.

추자도는 오랫동안 전라도 영암군, 완도군 등에 딸린 섬이었습니다. 1946년에야 북제주에 편입되었으니 그리 오래되지 않았네요. 그렇기 때문에 추자도는 호남 문화권에 속한다고 할 수 있습니다. 농산물 공급은 물론이고 학생들이 상급 학교로 진학할 때도 전라도 쪽으로 다녔지요. 제주도로 편입되고 난 다음에는 학교를 제주도로 다니고 있으며, 공무원들도 제주도에서 오

상추자항

추자도에 딸린 상수도

기 때문에 당연히 제주도답게 변해 가고 있는 중입니다.

추자도의 이런 중간적 성격은 예로부터 육지와 제주도의 징검다리였다는 지리적 요인 때문이기도 합니다. 그 옛날 육지에서는 추자도를 징검다리 삼아 제주도로 향했기에 영암, 무안, 나주, 진도 등으로 가는 뱃길이 있었지요. 제주도로는 애월이나 조천으로 드나들었습니다.

상추자와 하추자로 윗섬과 아랫섬이 갈리는데, 지금은 추자교로 이어져서 상하로 구분하는 의미가 없어졌습니다. 상추자항은 대서리와 영흥리, 하추자항은 신양리 소속이며, 그 밖에 예초리나 묵리 같은 아름다운 포구들이 흩어져 있습니다. 단단한 바위 밭인 데다가 해류가 거칠게 흘러가고 있어 흐리멍덩한 물고기들은 살 수 없지요. 참돔이나 감성돔, 우럭, 농어 같은 고급 어종이 바위 밭에서 물살과 씨름하면서 육질을 키우며 살기 때문에 그야말로 '바다낚시의 천국'입니다. 섬 곳곳에서 낚시꾼들이 눈에 띄지요.

추자도에는 딸린 섬이 무려 42개입니다. 돈대산에 올라서니 완도군의 청산도가 눈에 들어옵니다. 추자도 사람들의 최대 문제는 역시 물이지요. '물 쓰듯'은 이런 섬에서는 도저히 꺼낼 수가 없는 말입니다.

신화가 현실이 된 이어도 해양과학기지

　신화와 과학이 만나 새로운 이어도를 탄생시켰습니다. '전설의 섬 이어도에 우뚝 선 첨단 해양과학기지'란 설명이 붙은 이어도 종합해양과학기지(Ieodo Ocean Research Station)가 이어도에

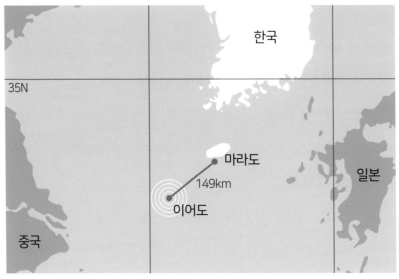

이어도 위치도

건설되었지요. 기지는 신화가 현실일 수도 있음을 입증하고 있습니다. 해도(항해용 지도)에 '소코트라' 등으로 표기되었던 이어도의 실체가 드러난 것입니다. 이어도는 마라도에서 남서쪽으로 149km 떨어진 수중 암초로 주변 수심은 55m, 암초의 정상은 해수면에서 4.6m에 불과합니다.

소코트라는 파랑도라고도 불리던 암초입니다. 1900년 6월 5일 밤 9시 40분경 영국 상선 소코트라호가 이 암초에 부딪히면서 소코트라로 부르게 되었습니다. 일본인들이 해도에 파랑도로 올리면서 파랑도로 부르기도 했습니다. 그 암초를 이어도라 명명하고 과학 기지를 세운 것이지요.

이어도의 솟구친 봉우리는 작은 면적이지만 해저 지형은 대략 남북 500m, 동서 750m, 넓이 27.5㎢에 달합니다. 망망대해에 이만한 넓이의 해산이 수중에 솟구쳐 있

이어도 종합해양과학기지

는 것이지요. 그런 이어도의 수심 40m 해상에 15층 높이, 400 평 규모의 기지가 들어섰습니다. 기지에는 연구원 여덟 명이 2주간 머물 수 있습니다. 당연히 선박이 들어올 수 있는 시설과 헬리콥터 이착륙장, 등대 시설, 통신 및 관측 시설, 실험실과 회의실도 마련되었습니다. 해양·기상관측 장비 44종 108점이 설치되어 종합연구센터라고 부르기 충분합니다. 기지의 역할은 과학적 목적을 뛰어넘어 국방·영토상으로도 중요합니다.

비행기에서 바라보면 망망대해에 작은 점 하나로 보이는 이곳에 기지를 건설할 수 있게 된 사실을 우리는 하늘에 감사드려야 합니다. 해양 영토라는 점에서 이어도 과학 기지는 우리에게 매우 각별하고도 소중한 곳입니다.